Angelica Osske

DIE BEFREIUNG DER MENSCHEN

Gespräche mit Meister Sananda

Autor: Angelica Osske
Cover: pixabay, Larisa-K
Covergestaltung: tao.de, Angelica Osske

Verlag: tao.de in Kamphausen Media GmbH
Bielefeld

ISBN:
Paperback: 978-3-96240-197-9
e-Book: 978-3-96240-213-6

Inhalt

Vorwort

Mit großem Respekt vor dem vorliegenden Werk möchte auch ich meinen Beitrag zu dessen Verbreitung leisten und für Transparenz bezüglich seiner Entstehung sorgen.

Ich stand eines Morgens - noch tief ergriffen von dem am Vorabend gehörten Channeling – am Kühlschrank, um die Milch für meinen Tee herauszunehmen, als mir der Gedanke kam, dass es eigentlich nicht fair ist, wenn nur ich alleine Zeuge dieser „heiligen“ und heilenden Durchsagen sein darf.

Wie ferngesteuert ging ich zu Angelica, um ihr meine Empfindung mitzuteilen. Die einzigen Worte, die meinen Mund verließen, waren jedoch: „Warum schreibst du kein Buch?“

Da diese Botschaften für uns alle durchgegeben wurden, ist es mein zutiefst empfundener Herzenswunsch, dass sie Verbreitung finden und Früchte tragen in einer Zeit, die tatsächlich mehr Fragen aufwirft, als sie beantwortet.

Stefan Leberger,
Heilpraktiker für Kinesiologie und Homöopathie

Einleitung

Eigentlich wollte ich nie ein gechanneltes Buch schreiben. Zum einen gibt es schon so viele wunderbare durchgegebene Bücher, und zum anderen ist umfangreiches Wissen zu jedem erdenklichen Thema - dank unserer guten Vernetzung - bereits überall und zu jeder Zeit verfügbar. Wegen dieser Voreingenommenheit musste sich also die geistige Welt einen Umweg suchen, um mir das Schreiben dieses Buches ans Herz zu legen. Sie sendeten die Aufforderung an meinen Lebensgefährten Stefan, ein wunderbarer Heilpraktiker und Psychotherapeut, der ebenfalls über eine hervorragende Anbindung verfügt.

Da ich seit vielen Jahren beruflich als mediale Lebensberaterin hauptsächlich Engel channele, war ich überrascht, dass es Sananda war, der mit mir dieses Buch schreiben wollte.

Vor zwei Jahren hatte ich meinen ersten Kontakt mit ihm. An einem warmen Sommerabend saß ich auf dem Balkon und spürte plötzlich eine mächtige und liebevolle Gegenwart. Ich war zutiefst berührt, als ich erfuhr, dass es Sananda war – der Aufgestiegene Meister, der seine letzte Inkarnation als Jesus von Nazareth dem Geist Christi geweiht hatte und uns fortan aus den höheren Ebenen zur Seite steht. Seitdem beantwortet er uns regelmäßig Fragen, und das in einer ergreifend klaren und einleuchtenden Weise.

Und nun forderte er mich liebevoll auf, „mit ihm gemeinsam“ seine klärenden und Mut machenden Botschaften zu allen Menschen zu bringen!

So entstand dieses Werk - eine Sammlung von Fragen und Antworten zu vielen wichtigen Themen in kurzer und prägnanter Form. Immer wieder macht Sananda auch Aussagen, wie sich diese Aspekte unseres Lebens in Zukunft zum Guten verändern werden und gleichzeitig der Mensch immer mehr aus seinen alten Fesseln befreit wird!

Es war mir eine große Ehre und Freude, und ich danke Sananda - vielleicht sogar auch in Ihrem Namen - für seine oft erstaunlichen Botschaften und seine unendliche Liebe für uns *alle* !

Saarbrücken, April 2018
Angelica Osske

Sananda und das Christuslicht

Frage: Lieber Sananda, wir würden dich gerne besser kennenlernen. Was zeichnet dich aus? Was ist deine spezielle Aufgabe?

Ich will versuchen, deine Frage zu beantworten: Die meisten von euch kennen mich als Jesus Christus. Ich habe wie ihr einige Leben auf der Erde verbracht und mich vor meinem Aufstieg vollständig dem Geist Christi überantwortet. Ich verkünde seitdem die Worte Gottes, die aus der Liebe geboren wurden. Ich helfe Menschen dabei, ihre Verbindung zur Liebesquelle zu heilen und zu stärken, bis sie ihre Göttlichkeit erkennen und ihre damit einhergehende Liebes- und Schöpfermacht annehmen können. Ich lenke Gottes Liebe direkt in ihre Herzen, wodurch Heilung auf allen Ebenen geschehen kann. Jenen Menschen, die sich in Ungnade gegenüber Gott zu befinden glauben, bringe ich göttliche Gnade und damit Erlösung. Ich bin also ein Vermittler - ein Botschafter im weiteren Sinne.

Meine Aufgabe als Jesus Christus war es, den Menschen die göttliche Liebe zu einer Zeit zu vermitteln, in der die Schwingung der Erde und der Menschheit sehr niedrig war. Viele hatten ihren Glauben und auch ihre Hoffnung verloren, und - scheinbar - auch ihre Verbindung zu ihrem göttlichen Selbst. Ich habe ihnen gezeigt, zu welchen Wundern die Liebe im Menschen fähig ist, und konnte damit den Glauben an das Göttliche wiedererwecken. Auch jetzt als Sananda ist es mein Auftrag, die Liebesflamme in den Herzen der Menschen zu entfachen. Und es war und ist mir eine große Ehre, diese Aufgabe zu erfüllen.

Frage: Die christlichen Religionen haben in meinen Augen deine Lehre nicht ganz wahrheitsgemäß übermittelt. Wie siehst du das?

Es ist nicht wirklich wichtig, was aus meinem Lebenswerk gemacht wurde - aus dem, was ich sagte und was ich tat. Auch mein Leben als Jesus Christus unterlag und unterliegt noch immer der Dualität, die auf der Erde herrscht. So ist aus meinen Lehren viel Gutes im Sinne der Liebe Gottes entstanden, aber auch Gegenteiliges wie Missbrauch und Falschheit - Dinge, die dem Ego des Menschen dienten und auch heute noch dienen. Aber zumindest habe ich eines vollbringen können, und das war und ist auch heute noch gültig: Die Menschen haben erkannt, wie mächtig die Liebe ist, und dass sie sich zu jedem Zeitpunkt und in jeder Situation bewusst für die Liebe entscheiden können.

Frage: Was genau ist die Christusenergie? Ich arbeite viel und gerne mit ihr, aber ich weiß nicht genau, was sie von anderen lichtvollen Energien unterscheidet.

Dies ist nicht so leicht zu beantworten. Ich würde sagen, dass das Christuslicht „fokussierter" ist. Und in einigen Fällen ist es notwendig, dass das Licht Gottes fokussierter ist, um stark verhärtete Strukturen aufbrechen zu können. Das Christuslicht dringt zu den dunkelsten Stellen im Menschen; dorthin, wo er seine sogenannten „blinden Stellen" hat, die er weder erkennen noch selber heilen kann. Diese Stellen sind oft mit Schuldgefühlen verbunden, weil ein Mensch, der sich für etwas Bestimmtes oder auch generell schuldig fühlt, meist auch glaubt, die Liebe und die Vergebung Gottes nicht zu verdienen. Er findet eher Befriedigung im Leiden - im Sinne von Bestrafung - und steht damit bewusst oder unbewusst seiner eigenen Heilung im Wege.

Das Christuslicht bringt Vergebungsenergie mit sich, die die Schuldstrukturen aufbricht und auflöst. Man spricht hier auch von der Gnade Gottes. Aber es ist wichtig, dass ihr versteht, dass es sich hierbei um eine andere Gnade handelt, als ihr es üblicherweise versteht. Es ist nicht die Form der Gnade, die Gott in einem Akt der Barmherzigkeit erteilt, sondern die Gnade, die *immer* aus dem Herzen Gottes fließt, zu allen Geschöpfen der Welt. Diese Gnade ist also eine Energie, die es vermag, Schuldstrukturen aufzubrechen und aufzulösen, damit die Liebe wieder frei fließen kann – insbesondere dorthin, wo ein Mensch meint, keine Liebe verdient zu haben, oder sogar, dass er nur durch Nichtliebe Erlösung findet. Dies ist ein Trugschluss! Die Liebe Gottes ist *bedingungslos*. Es gibt auf den höheren Ebenen keine Wertung! Vergesst das nicht!

Frage: Im Christentum, vor allem im Katholizismus, wird viel von Sünde gesprochen und damit auch von Schuld. Könntest du uns dazu etwas sagen?

Die sogenannte Sünde ist ein Konzept der dunklen Mächte, die es vermag, den Menschen immer wieder einzureden, dass er sündhaft beziehungsweise schuldhaft ist. Dieses Konzept hält den Menschen davon ab, seine Göttlichkeit, seine Reinheit und Unschuld vor Gott überhaupt zu erkennen und zuzulassen. Ihr solltet allerdings folgendes verstehen: Die eingeredete Sündhaftigkeit ermöglicht der Menschenseele einen großen Erfahrungsbereich, den sie sonst nicht hätte, da die Seele selbst aus Liebe besteht. Es geht hier also um die Erfahrung der Nichtliebe und der Erfahrung, ein Wesen zu sein, das nicht göttlich zu sein scheint.

Einem Menschen, der diesen Zusammenhang erkennt, wird es leicht fallen, Gnade über sich walten und das Christuslicht in sich entfachen zu lassen. Er ist in diesem Sinne nicht abhängig von irgendjemandem oder irgendetwas, um Erlösung zu erfahren. Es ist seine Wahl, sich freizusprechen und die Liebe wieder zu sich fließen zu lassen. Das Christuslicht hilft ihm dabei.

Frage: Man liest, dass du dich nicht mehr inkarnieren wirst, aber anstatt dessen in den Herzen der Menschen wiedergeboren wirst. Wie funktioniert das?

Ein Mensch, der sich der göttlichen Liebe verpflichtet und den dunklen Mächten abgeschworen hat – sich also in den Dienst des Lichtes und der Liebe

Gottes stellt – und somit nicht Gefahr läuft, den dunklen Mächten zu dienen, erfährt einen gewissen Zuwachs an Macht, und ich will sie hier die „Macht der Liebe“ nennen. Ihr würdet es vielleicht als Auszeichnung oder Beförderung sehen, gleich einer Beförderung innerhalb eines Unternehmens auf eine höhere Stelle mit mehr Befugnissen und mehr Geld. Hier komme ich ins Spiel; denn ich bin es, der die göttliche Liebesmacht denjenigen zuteilt, die dazu bereit sind, sie anzunehmen und einzusetzen. Man muss aber auch dazu bereit sein, verantwortlich mit dieser höheren Macht der Liebe umzugehen.

Voraussetzung für diese Beförderung ist gleichsam ein fester Glaube an das Göttliche und die göttlichen Prinzipien und ein festes Vertrauen. Erfüllt ein Mensch diese Voraussetzungen, bringe ich ihm diesen Schlüssel, der ihn dazu ermächtigt, die göttliche Liebesmacht zum Wohle aller Menschen einzusetzen. Er erhält gleichzeitig die Fähigkeit, das Christus-Licht für verschiedene Zwecke einzusetzen. Dieses Licht kann er grundsätzlich überall dorthin senden und dort einsetzen, wo Dunkelheit herrscht. Das kann innerhalb eines Menschen sein oder eines anderen Wesens; dies kann aber auch ein Ort sein oder eine Situation. Aber versteht mich nicht falsch:

Jeder Mensch kann Licht versenden – nur wird das Christus-Licht eines Menschen, der fest in seinem Glauben und seinem Vertrauen in Gott ist, stärker sein.

Ein in dieser Weise beförderter Mensch strahlt auch unbewusst das Christus-Licht aus. Das mag schwanken, weil auch er seine guten und weniger guten Zeiten hat, aber es fließt dennoch zu jeder Tages- und Nachtzeit.

Ich möchte noch hinzufügen, dass ein Mensch, der diese besondere Einweihung durch das Christus-Licht erfährt, nicht erleuchtet sein muss, so wie ihr es euch vorstellt. Er wird immer auch seine Schattenthemen haben. Aber ein Mensch, der bereit ist, seine Schattenanteile anzunehmen, und die Absicht hat, sich selber gegenüber mitfühlend und liebevoll, vergebend und barmherzig zu sein, ist dieser Beförderung würdig.

Frage: Ich glaube, dass dieser Punkt sehr wichtig ist, da insbesondere spirituelle Menschen oft meinen, möglichst „gut" und ausgeglichen sein zu müssen, um Gottes Liebe würdig sein. Ist dies also nicht so?

Nein! Bedenkt, dass ihr euch auf der Erde inkarniert, um menschliche Erfahrungen zu sammeln, also Erfahrungen, die ihr nur als Mensch hier auf der Erde machen könnt. Jede einzelne Erfahrung ist wichtig, weil sie die Seele „reifer“ macht - umfassender und ganzheitlicher. Zu diesem Zweck gibt es also auch Aspekte innerhalb des Menschen, die nicht so lichtvoll sind. Dennoch sind sie wichtig und entsprechen dem göttlichen Seelenplan.

Machen wir ein Beispiel: Aggressionen sind grundsätzlich etwas, was dem Menschen dient, in vielfältiger Hinsicht. Wenn die natürlich angelegte Aggressivität dort zum Ausdruck kommt, wo sie dem höchsten Wohl des Menschen dient, ist sie sozusagen „gesund“. Wo sie unterdrückt wird und lange Zeit nicht zum Ausdruck kommt, kann sie zerstörerische Wirkung haben.

Die natürliche Aggressivität ist etwas Gutes. Jemand, der die Meinung hat, dass Aggressivität etwas „Sündiges“ sei, und es bevorzugt, ein möglichst „guter“ Mensch zu sein, wird geneigt sein, sie zu verneinen und zu verdrängen. Somit gelangt dieser aggressive Aspekt in das sogenannte Schattenreich des Menschen. Sie ist dennoch da, erfährt allerdings keinen Ausdruck und keine Liebe. Wie kann ein Mensch, der so vorgeht, sich als gut im Sinne von „heilig“ bezeichnen? Wo ist dort Barmherzigkeit sich selber gegenüber? Wo ist da die Liebe?

Liebe und Selbstliebe

Frage: Du sprichst so viel von Liebe. Ich glaube aber, dass die meisten Menschen das Prinzip „Liebe" gar nicht richtig erfassen können. Würdest du uns bitte erklären, was Liebe wirklich ist?

Es ist tatsächlich schwierig für den Menschen, das „Prinzip Liebe" vollständig zu erfassen. Letztendlich gehört jedoch dieses Nicht-Erfassen-Können zum Erfahrungsfeld der Menschen auf der Erde. Ihr seid hier begrenzt. Da ist zum einen die Begrenzung auf drei Dimensionen und zum anderen auf die bisher recht niedrige Schwingung beziehungsweise Frequenz. Eine Inkarnation auf der Erde ist - zurzeit noch - vergleichbar mit der Erfahrung eines Menschen, in einen Dschungel zu gehen und zu schauen, wie er dort überleben kann - ohne mitgebrachte Lebensmittel und ohne Telefon. Er *kann* tatsächlich dort überleben. Allerdings muss er ständig nach Nahrung suchen und auf der Hut vor gefährlichen Tieren sein. Und er ist und fühlt sich allein.

Die Wahrheit ist aber eine Andere. *Alles* wurde in der Liebe erschaffen. *Alles* ist Liebe. Nur punktuell gibt es Erfahrungsbereiche innerhalb der Schöpfung, die weniger in der Liebe sind. Stellt euch für einen Moment das ganze Universum vor und gleichzeitig die vielen anderen Dimensionen. Überall fließt die Liebesenergie und erschafft neues Leben. Sie ist die Grundsubstanz für alles Leben. Und sie verbindet alles miteinander.

Frage: Welche Rolle spielt die Selbstliebe?

Im Grunde sucht der Mensch die Liebe anderer Menschen, damit er sich selber mehr lieben kann. Das zeigt sich am deutlichsten beim Verliebt-Sein. Du lernst jemanden kennen, den du „toll" findest. Und du verspürst den großen Wunsch, dass dieser Mensch dich auch toll findet. Dann könntest du dich selber nämlich ebenfalls gut finden. Deine Selbstliebe macht also in diesem Moment einen großen Sprung. Du fühlst dich plötzlich tatsächlich sehr liebenswert.

Ein Mensch, der sich selbst wirklich liebt, braucht keinen anderen Menschen, um in dieses Gefühl zu kommen. Mehr noch: Jemand, der sich selbst liebt, fühlt sich frei, denn er ist nicht abhängig von der Liebe eines Anderen. Selbst wenn er mal einen schlechten Tag hat, an dem er sich nicht so liebenswert findet, weiß er, dass er sich vielleicht schon am nächsten Tag wieder in Frieden mit sich fühlt.

Frage: Was ist der beste Weg, um in die Selbstliebe zu kommen?

Als erstes: Er-warte nicht erst die Liebe eines anderen Menschen, um dich selbst zu lieben. Zweitens: Beende die ständige Selbstbewertung und Selbstverurteilung. Zeige dir selbst gegenüber Erbarmen. Liebe dich, liebe *alles* an dir bedingungslos. Drittens: Erkenne, dass *jede* deiner Erfahrungen - im jetzigen und in jedem anderen Leben - wertvoll ist. Es gibt keine Schuld! Du bist, wer du bist! Du brauchst noch nicht mal toll zu sein, um liebenswert zu sein. Und mach dir nichts mehr vor. Sei wahrhaftig!

Frage: Ich glaube, dass wir große Probleme damit haben, wahrhaftig zu sein. Wir merken ja nicht mal, wenn wir nicht in unserer Wahrheit sind.

Das ist einer der häufigsten Gründe für schmerzvolle zwischenmenschliche Erfahrungen. Sie weisen euch darauf hin, dass ihr nicht eure Wahrheit lebt. Ein häufiges Beispiel dafür ist eine Konfrontation, bei der man verletzt wird und diese Verletzung einfach „schluckt". Allerdings schluckt der Mensch gleichzeitig seine Aggression, die eigentlich dazu dient, ihn selbst zu schützen beziehungsweise seine Ehre zu verteidigen und auch dem Anderen aufzuzeigen, dass dieser zu weit gegangen ist. Wenn der Mensch allerdings der Meinung ist, dass Aggressionen schlecht sind, und er sich jedes Mal schuldig fühlt, wenn er Aggressionen hat, wird er sie unterdrücken. Er wird sie nicht zum Ausdruck bringen. Er wird sie nicht fühlen wollen und ihnen erst recht nicht mit Liebe begegnen. Und schon hat er sich selbst - sein Selbst - verraten.

Mit wie vielen Gefühlen und Emotionen tut ihr das regelmäßig? Bewusst oder unbewusst? Wie wollt ihr dann in die Selbstliebe kommen?

Frage: Um bei diesem Beispiel zu bleiben: Was wäre denn eine passende Vorgehensweise, wenn man verletzt wird? Sagen wir, wenn uns jemand beleidigt?

Es kommt auf die Beleidigung an, auf die Situation und auch auf den Ton. Es gibt verschiedene Möglichkeiten, ein „Nein" auszudrücken. Eine Frage ist eine gute Möglichkeit, den Verletzer auf neutrale Weise auf sein Verhalten aufmerksam zu machen und ihm die Möglichkeit zu geben, etwas zurückzunehmen. Damit wird die negative Energie des Verletzers von euch weggelenkt.

Oft meint derjenige, der verletzt wird - meist ganz unbewusst - dass er es in irgendeiner Weise verdient hat. Das ist der häufigste Grund dafür, dass sich ein Mensch überhaupt verletzt fühlen kann. Folglich ist er auch nicht in der Lage, sich zu verteidigen. Wenn du in deiner Selbstliebe bist, kannst du nicht wirklich verletzt werden. Du würdest den „Übergriff" des Anderen sofort bemerken und ihn je nach Absichtlichkeit möglichst neutral, aber bestimmt auf sein Handeln hinweisen.

Frage: Lieber Sananda, ich glaube, es wäre noch wichtig, etwas mehr über die Liebe im Zusammenhang mit Wahrhaftigkeit zu sagen. Denn ich finde, dass ein Mensch, der zu sehr in die Bewertung geht und „negative" Seiten in sich verdrängt, oft Gefahr läuft, „scheinheilig" zu werden.

Viele Menschen, vor allem die alten Seelen, tragen in sich die Erinnerung an die reine Liebe, wie es sie nur auf den höheren Ebenen gibt. Und diese Erinnerung erzeugt eine starke Sehnsucht und gleichzeitig Traurigkeit, da sie diese Art von Liebe hier auf der Erde nicht so empfinden und leben können. Dies ist aber auch nicht der Sinn des Daseins auf der Erde. Eine Seele inkarniert sich als Mensch mit all seinen Charakterzügen, Gefühlen und Bedürfnissen, mit seinem physischen Körper und mit allen anderen Gegebenheiten, die die Erde bietet, um das Leben selbst zu erkunden und alle Möglichkeiten, die das Leben zu bieten hat, bis ins kleinste Detail zu erfahren und auszukosten.

In jeder Lebenssituation steht sich der Mensch sozusagen selbst gegenüber mit der Frage: Was empfinde ich hierbei und wie reagiere ich? Wie reagiert der menschliche Teil in mir und was kann ich aus der Situation machen und letztendlich lernen? Viele Situationen würdet ihr nicht als liebevoll bezeichnen und ebenfalls auch nicht immer eure Reaktion diesbezüglich - aber darum geht es nicht. Es geht um die Wahrhaftigkeit, die Authentizität. Denn nur sie gewährleisten es, jene Erfahrungen zu machen, die so wichtig sind, da sie der Bereicherung der Seele dienen und damit auch Gott. Vergesst nie, dass Gott sich durch euch selbst erfahren möchte, dass Gott sich durch jeden einzelnen von euch kennenlernen und entfalten möchte.

Du fragst dich vielleicht, wo die Liebe ist, vor allem in besonders schmerzvollen Situationen. Und ich sage dir, dass sie immer da ist. Die große Herausforderung ist es nicht, seinem Täter gegenüber Liebe aufzubringen, sondern sich selbst gegenüber. So oft schafft es ein Mensch nicht, in der Liebe zu sich selbst zu bleiben, wenn er eine schlimme Erfahrung macht. So oft meint er, dass er selber schuldig ist, wenn ein anderer oder mehrere Menschen ihn lieblos behandeln. Oft verurteilt er sich sogar selbst, weil er dem Täter nicht vergeben kann. Oder die Wut über die Tat ist so groß, dass er die Liebe nicht mehr spüren kann. Aber die göttliche Liebe ist immer da! Und sie ist bereit, zu fließen! Die Frage ist: Kann der Mensch sich trotzdem noch immer lieben? Kann er all seine Empfindungen annehmen und sich trotz seiner Wut, seiner Wehrlosigkeit, seiner

Angst und seinem angeblichen Versagen lieben? Kann sich der Mensch selber vergeben? Und wenn er sich nicht vergeben kann: Kann er trotzdem die Liebe für sich selbst spüren und sogar für sein Unvermögen, sich selbst oder anderen Personen vergeben zu können?

Ein Mensch, der zumindest die Absicht in sich trägt, sich so gut wie möglich anzunehmen, so wie er ist, hat sich für die Liebe entschieden. Und in diesem Moment hat die Liebe über die Dunkelheit gesiegt. Und so sage ich euch: Habt Mitgefühl mit euch selbst! Seid euch selbst gegenüber barmherzig und gütig. Das ist der Geist Christi, für den ich zu meinen Lebzeiten als Jesus gestanden habe. Und dies ist auch mein Wunsch für euch: dass der Christusgeist in euch immer mehr Raum einnimmt und mehr in euch regieren darf! Auf diese Weise wird das Christuslicht in euch immer stärker werden. Dies ist der göttliche Weg. Und es ist ein Weg und nicht etwas, das ihr während eurer Evolution als Mensch auf der Erde zu irgendeinem Zeitpunkt erreicht haben müsst. Darum geht es nicht. Und vergesst nie: Gott bewertet nicht und auch nicht die Höheren Wesen, die euch zur Seite stehen und euch lieben und helfen, soweit es ihnen möglich ist.

Lebensaufgabe, Selbstwert und dunkle Wesen

Frage: Hat jeder Mensch eine Lebensaufgabe?

Ja. Allerdings haben viele Menschen ein falsches Verständnis von der Lebensaufgabe. Ein indigenes Volk, das im Urwald lebt, hat andere Lebensaufgaben als die Menschen in einer Großstadt. In einer „primitiven" Gemeinschaft geht es meist um das Aufziehen der Kinder und die Versorgung der Familie. Das mag für den einen oder anderen nicht so bedeutungs- und sinnvoll erscheinen. Das ist es aber! Ein Mensch, der nach seiner Lebensaufgabe fragt, sollte verstehen, dass diese in seinen Augen vielleicht nicht das ist, was er sich vorstellt. Aber es geht nicht darum, seinen Selbstwert zu erhöhen. Das ist nicht der Zweck der Lebensaufgabe.

Anderen Menschen zu helfen, ist eine rühmliche Aufgabe. Aber auch das Erschaffen von Kunst, um ein Beispiel zu nennen, ist ein Dienst an der Menschheit und darüber hinaus. Es gibt hier aus der höheren Sicht keine Bewertung.

Frage: Wenn jemand die Lebensaufgabe hat zu dienen beziehungsweise Menschen in irgendeiner Weise zu helfen, könnte er meinen, dass diese Aufgabe wichtiger ist als seine eigene Entwicklung. Stimmt das?

Die Entwicklung des einzelnen Menschen steht immer im Vordergrund! Tatsächlich gibt es viele Menschen, die einen helfenden Beruf ausüben und glauben, dass das Dienen wichtiger ist als die eigene Person. Auch dies kann für den Menschen eine wichtige Erfahrung sein und ist von daher nicht als falsch zu bewerten. Wenn allerdings das Dienen benutzt wird, um von den inneren Themen abzulenken, wird es Kräfte geben, die ihn dazu zwingen, sein Bewusstsein auf sich selbst zu lenken – ob er das möchte oder nicht. Spätestens dann, wenn er beim Ausüben seines dienenden Berufes spürt, dass er keine Freude mehr hat und dabei viel Energie verliert, sollte er zurücktreten und sich auf sich selber besinnen.

Es geht letztendlich immer um den einzelnen Menschen selbst – um seine Entwicklung, sein Wachstum, sein Sich-selbst-bewusst-Werden. Und wenn ihr denkt, dass dies egoistisch sein könnte, so sage ich, dass ihr zwischen Egoismus und Zu-sich-selbst-Stehen unterscheiden lernen solltet. Das versteht ihr besser, je mehr ihr euch eurer Einheit mit allem Leben bewusst werdet. Die Bewusstwerdung des Menschen und seine Entfaltung ermöglicht es Gott, noch mehr im Menschen lebendig zu werden. Und je lebendiger Gott in einem Menschen sein kann, desto mehr dient ein Mensch automatisch allen anderen Wesen. Mit anderen Worten: Das, was ihr für euch selber tut - im Sinne eures höchsten Wohles und entsprechend eurem Lebensplan - das tut ihr letztendlich zum Wohle der Gesamtheit. Es ist also nicht im Sinne der Liebe, dass ihr euch für andere Menschen oder Wesen „aufopfert".

Wenn ihr das Gefühl habt, euch aufzuopfern, solltet ihr nach innen gehen, um nachzuschauen, ob es hier eventuell noch ein Schuldthema gibt. Ihr könnt auf andere Weise davon erlöst werden. Gott - die Liebe - ist barmherzig und gnadenvoll gegenüber jedem einzelnen Menschen! Vergesst das nicht!

Frage: Was verstehst du hier unter Gesamtheit?

Alles Leben. Vom Menschen bis hin zum Stein in der dreidimensionalen Welt, aber auch alles Leben in allen anderen Dimensionen. Versteht, dass die meisten Menschen nur einen kleinen Teil der lebendigen Welt erfassen. Diese Begrenztheit auf die 3-D-Welt wird sich in Zukunft immer mehr auflösen.

Frage: Welche Auswirkungen wird das Auflösen dieser Begrenztheit auf den einzelnen Menschen haben?

Den Einen wird es Angst machen, den Anderen wird es Befreiung und unendliche Bereicherung bringen. Die meisten Menschen werden jedoch Angst und Befreiung gleichzeitig spüren. Mit dem Auflösen der Grenzen wird ein Verstehen kommen und das Gefühl, nach Hause zu kommen. Stellt euch vor, ihr habt euer ganzes Leben innerhalb eines Hauses verbracht. Und nun merkt ihr, dass es eine Tür nach außen gibt, die sich langsam von selber öffnet. Es kommt Licht ins Haus, frische Luft, der Geruch von Blumen, der Gesang der Vögel. Es liegt nur noch am Menschen selbst, durch diese Tür zu gehen und die Schönheit und Komplexität der Schöpfung mit allen Sinnen zu erleben. Ihr nennt diese Erfahrung „Erwachen“.

Frage: Werden wir dann auch Wesen aus den anderen Dimensionen wahrnehmen, vielleicht sogar mit den physischen Augen sehen?

Das gehört dazu. Aber ich möchte an dieser Stelle etwas erklären, bevor ich weiter auf deine Frage eingehe. Das Auflösen dieser Begrenzung findet aufgrund der stetigen Schwingungserhöhung der Erde statt. In einigen Regionen geht sie langsamer voran, aber sie geschieht - weltweit. Und mit ihr öffnet sich euer Herz immer mehr, wodurch die Kraft der allgegenwärtigen Liebe besser zu euch fließen kann. Wenn also ein Mensch immer mehr in die Schwingung der Liebe kommt, wird er in erster Linie jene Wesen anderer Dimensionen wahrnehmen, die sich ebenfalls in dieser höheren Schwingung befinden. Dies sind vor allem Naturwesen, lichtvolle Geistwesen, Engel und wohlwollende Wesen anderer Planeten.

Es gibt also keinen Grund, Angst vor diesen Begegnungen zu haben.

Frage: Würdest du in diesem Zusammenhang auch etwas über „dunkle" Wesenheiten sagen?

Dies ist ein weites Feld. Dennoch ist dieses Thema wichtig. Eine „dunkle“ Wesenheit ist deshalb dunkel, weil sie sich einst gegen das Licht und die Liebe entschieden hat. Letztlich gibt es auch hier keine Wertung. Solche „dunklen“ Wesen, die sich auf der Erde aufhalten, benötigen die Energie der Menschen. Zugang bekommen sie über Stellen im Energiesystem des Menschen, die nicht in der Liebe und im Licht sind. Meist entstehen diese dunklen Stellen durch das konsequente Verdrängen von schmerzvollen Erfahrungen beziehungsweise Gefühlen.

Ein Mensch, der sich der ansteigenden Schwingung hingibt, wird teils bewusst, teils unbewusst seine dunklen Stellen in einer für ihn angemessenen Geschwindigkeit „durchlichten“. Dadurch wird er nicht nur immer uninteressanter für die dunklen Wesenheiten – nein, er wird sogar gefährlich für sie. Denkt immer daran: Die Liebe und das Licht bilden die stärkste Macht im ganzen Universum!

Frage: Du sprachst vorhin vom Selbstwert. Dies scheint ein lebensbestimmendes Thema zu sein. Könntest du uns mehr darüber sagen?

Das Gefühl, wertlos zu sein, ist eins der bedrückendsten Gefühle, die ein Mensch hat. Wenn ihm in der Kindheit durch seine Eltern oder andere Personen dieses Gefühl vermittelt wurde, wird er den Glauben an seine Wertlosigkeit auf das ganze Leben übertragen. Das heißt, er wird glauben, dass alle Menschen, das ganze Universum und auch Gott ihn für wertlos erachten. Da dieses Gefühl mit dem Glauben einhergeht, auch nicht liebenswert zu sein, fühlt sich der Mensch aus der Liebe ausgeschlossen. Es ist wichtig, zu erkennen, dass dies gar nicht möglich ist. Jeder Mensch ist ein Ausdruck Gottes, also ein Teil Gottes. Er könnte ansonsten gar nicht existieren!

Wie jede einzelne Erfahrung wichtig ist, ist auch die Erfahrung des Gefühls, nicht der Liebe wert zu sein, eine Chance des Sich-Ent-Wickelns und damit letztendlich der Stärkung der Liebe im Allgemeinen.

Versetze dich bitte kurz in dein Höheres Selbst. Hier spürst du deine Großartigkeit, deine Schönheit, deine Weisheit, deine Unendlichkeit - und deine Essenz, die reine Liebe ist. Und als Höheres Selbst fragst du dich, wie es wohl ist, sich von Gott und der Liebe getrennt zu fühlen. Es ist eine Erfahrung, die ein Wesen nur in einem Umfeld der Begrenzung und der gefühlten Trennung machen kann, wie es sie nur in eurer 3-D-Welt gibt. Also wird dies zu einer Aufgabe, die jener Teil der Seele übernimmt, der sich auf der Erde inkarniert. Und wie jede Erfahrung ein großes Wachstumspotenzial in sich trägt, hat auch hier der Mensch die Chance, aus der Illusion, außerhalb der Liebe zu sein, zu erwachen und diese Erfahrung in seiner Akasha abzulegen.

Ich möchte an dieser Stelle darauf hinweisen, dass so gut wie jeder Mensch mit dem Gefühl eines geringen Selbstwertes zu tun hat. Dies ist tatsächlich eine sehr irdische und kollektive Angelegenheit!

Frage: Warum fällt es uns denn so schwer, aus dieser Illusion der Lieblosigkeit zu erwachen?

Es sind zum einen die Überzeugungen und zum anderen die Fixierung auf andere Menschen. Die Überzeugungen machen deinen Glauben aus. Ihr habt den Spruch: Der Glaube versetzt Berge. Im Grunde stimmt er. Dein Glaube beeinflusst maßgeblich dein Leben. Wenn du also der Überzeugung bist, nicht liebenswert zu sein, wird sich dein Leben entsprechend gestalten. Du wirst Menschen treffen und in Situationen kommen, die dir das Gefühl geben, nicht liebenswert zu sein. Und da du nun im Außen die Bestätigung bekommst, wird dein Glaube dahingehend gefestigt. Daher ist es auch so wichtig, deine Fixierung auf andere Menschen zu lösen. Die Meisten suchen beständig in ihrem Umfeld nach Anerkennung und Liebe, und finden dort nie genug davon, um aus ihrer Illusion zu erwachen.

Frage: Man hört so oft über die Wirksamkeit von Affirmationen, wenn es darum geht, unsere Überzeugungen zu verändern. Was sagst du dazu? Kann der Mensch sich von dieser Illusion befreien, indem er sich immer wieder sagt: „Ich bin liebenswert!"?

Wenn ein Mensch den festen Glauben hat, nicht liebenswert zu sein, wird eine Affirmation alleine wenig Wirkung zeigen. Es wird eine Stimme im Innern des Menschen geben, die sagt: "Das glaube ich nicht!" Wenn du aber die Wahrheit erkennst, wird der alte Glaube im selben Moment „löchrig" werden. Die Affirmation kann durch diese Löcher ins Unterbewusstsein dringen, um dort eine neue

Überzeugung und damit einen neuen Glauben zu etablieren.

Ich möchte allerdings noch etwas hinzufügen: Es gibt neben dieser eher psychologischen Herangehensweise auch eine globale Komponente. Ich habe bereits darauf hingewiesen, dass fast alle Menschen das Gefühl haben, minderwertig zu sein - ob bewusst oder unbewusst. Oder anders ausgedrückt: Fast alle Menschen erkennen ihren eigentlichen Wert nicht, ihre Größe, ihr wahres Selbst! Und es gibt Kräfte, die mit allen Mitteln versuchen, das Aufwachen aus dieser „Trance“ zu verhindern.

Dies ist allerdings kein Aufruf zum Kampf! Dies ist eher ein Aufruf zum Erwachen! Erst wenn der Mensch aufgewacht ist und sich die Dinge bewusst macht, die sein Leben bestimmen, kann er auch erkennen, dass er die Wahl hat. Ein Mensch, der sein Zepter in die Hand nimmt – also seine eigene Macht vollständig annimmt – kann nicht länger von dunklen Kräften beeinflusst werden; es sei denn, er entscheidet sich, mit diesen zu kooperieren, oder er untersteht ihnen bereits aufgrund von alten Bündnissen. Diese kann er jedoch zu jedem Zeitpunkt aufkündigen. Unterschätzt eure Macht nicht!

Die gute Nachricht ist, dass mit der Anhebung der Schwingung auf der Erde das Erwachen immer einfacher wird. Die Anzahl der erwachten Menschen wächst exponentiell. Und da ihr im Grunde nicht getrennt voneinander seid, entsteht hier eine Gruppendynamik, die letztlich jeden erfassen wird.

Schuldgefühle und Vergebung

Frage: Ich habe immer wieder die Erfahrung gemacht, wie erlösend es ist, unangenehme Gefühle nach langer Zeit der Unterdrückung schließlich ins Herz zu nehmen. Aber wie sieht es mit Schuldgefühlen aus? Sollten wir auch für sie unser Herz öffnen?

Gefühle werden weithin in ihrem Wert für den Menschen und dessen Entwicklung sehr unterschätzt. Ohne Gefühle wäre er nicht in der Lage, diese Vielfalt an Erfahrungen zu machen, die schließlich und endlich der Grund für eine Inkarnation sind. Er könnte zwar Wissen erwerben, aber er könnte nicht das Leben mit seinem ganzen Wesen erfahren. Gefühle und Emotionen gehören also zum Erfahrungsschatz einer verkörperten Seele.

Oft ist es so, dass gerade die schmerzvollen Gefühle den Menschen auf etwas aufmerksam machen, was nicht in der Liebe ist. Die Wut ist hierfür ein gutes Beispiel. Sie zeigt, wo Emotionen verdrängt werden - Emotionen, die gefühlt und gelebt werden wollen, ja, sogar geliebt werden wollen.

Es ist hier also zunächst die Frage zu stellen, welche Aufgabe Schuldgefühle haben. Schauen wir uns eine typische Situation an: Ein Mensch verletzt einen anderen auf irgendeine Weise. Entweder bemerkt er selber, was er bewirkt hat, oder er wird vom Verletzten darauf hingewiesen. Üblicherweise würde nun der „Verletzer" Reue- bzw. Schuldgefühle bekommen und spätestens durch deren „Druck" dazu bewegt werden, sich zu entschuldigen. Wenn der Verletzte die Entschuldigung annimmt, ist der Vorfall ausbalanciert und die Harmonie im Großen und Ganzen wiederhergestellt. Kommt es zu keiner Entschuldigung, bleiben die Schuldgefühle. Und da diese mit dem Gefühl zusammenhängen, gegen die Gesetze der Liebe verstoßen zu haben, „nagen" zukünftig alle beteiligten Gefühle an ihm und seinem Selbstwert.

Ein Mensch mit vielen Schuldgefühlen und damit auch geringem Selbstwert ist grundsätzlich leichter manipulierbar und lenkbar, weil er nicht in seiner Kraft ist und seine Göttlichkeit nicht anerkennen kann. Schließlich kommt noch ein Selbstbestrafungsmechanismus hinzu, durch den jede Gelegenheit genutzt wird, Schmerzen in jedweder Form zu erleiden und sich die Fülle des Lebens zu verwehren. Glück wird somit im Keime erstickt.

Dieser Mechanismus wird von denjenigen Menschen und auch dunklen Wesen ausgenutzt, um den sich schuldig fühlenden Menschen auf die eine oder andere Weise auszunutzen. Und um diese Situation aufrecht zu halten, wird ihm zusätzlich bei jeder Gelegenheit Schuld injiziert. Der „Täter" wird somit zum „Opfer".

Oft beginnt das Drama mit einer schweren Schuld, die ein Mensch in irgendeinem Leben auf sich gezogen hat, ohne danach um Vergebung gebeten zu haben. Es wäre in diesem Fall sinnvoll, mit dem Teil des Selbstes Kontakt aufzunehmen, der sich schuldig fühlt, und ihm zu vergeben - sich selbst gegenüber also in die Barmherzigkeit zu gehen. Natürlich kann man hierfür auch um spirituelle Hilfe bitten. Auf höheren Ebenen gibt es kein Urteilen und kein Bewerten, sondern nur bedingungslose Liebe und höchsten Respekt vor so viel Mut, sich auf derlei Erfahrungen einzulassen.

Frage: Sollte sich ein „schuldiger" Mensch nicht auch bei demjenigen entschuldigen, den er verletzt hat, auch wenn dieser schon lange nicht mehr am Leben ist?

Ja, gewiss, auch wenn die Verletzungs-Tat in einem anderen Leben begangen wurde. So wie ein Teil tief im Inneren des Menschen noch die alte Schuld bzw. Schuldgefühle trägt, so gibt es möglicherweise auch im Verletzten - selbst viele Leben später - einen Teil, der die Verletzung trägt. Ich möchte jedoch darauf hinweisen, dass wir hier über tiefere Verletzungen sprechen. Wenn der Verletzer auf geistigem Weg beim Verletzten um Vergebung bittet, findet auch dieser Erlösung, denn er kann den alten Groll und womöglich auch Rachegefühle loslassen und schließlich Frieden finden.

In Zukunft wird es leichter werden, alte Wunden zu heilen. Die Menschen werden mit steigender Schwingung und der immer freier fließenden Liebe immer weniger das Gefühl haben, von den anderen getrennt zu sein. Sie werden mehr und mehr erkennen, dass jede Verletzungstat immer - und ich meine immer - auf höherer Bewusstseinsebene unter Verletzer und Verletztem abgesprochen ist, um Wachstum bzw. Heilung zu ermöglichen. Im Grunde genommen wird sich dann der Verletzte sogar beim Verletzer bedanken. Allerdings werden auch Verletzungen immer weniger „notwendig" sein.

Frage: Heißt das, dass alte Verletzungen von selber heilen werden?

Ja und nein. Je bewusster ein Mensch wird, je mehr er die Zusammenhänge erkennt und je mehr er in der Liebe schwingt, desto leichter werden auch alte Verletzungen heilen, weil sich auch der Groll auf den Verletzer im Wissen dessen, dass dieser ihm im Grunde genommen einen Gefallen getan hat, von selber auflöst. Der Verletzte wird sich an den Vorfall erinnern und gleich erkennen, was er daraus gewonnen hat. Er wird folglich seinem „Täter" danken und ihm zu dessen „Seelenheil" vergeben. Aber auch ohne seine Vergebung wird der Täter Erleichterung in dem Moment erfahren, wenn der Groll auf ihn „verflogen" ist und die Liebe wieder zwischen beiden fließen kann. Wenn tiefe Verletzungen auf diese oder ähnliche Weise geheilt werden, können auch kleinere Verletzungen von selber heilen. Schuldgefühle haben dann keinen Nährboden mehr.

Um auf deine ursprüngliche Frage zurückzukommen: Schuldgefühle weisen darauf hin, dass es tatsächlich einen Grund für sie gibt. Nur liegt der ursächliche Grund meist ganz woanders, als man annimmt. Die meisten Schuldgefühle entstehen jedoch aus dem Gedanken, dass man grundsätzlich schuldig und „sündig“ ist. In den seltensten Fällen haben sie wirklich etwas mit der augenscheinlichen Sache zu tun. Meist werden sie sogar bewusst erzeugt, wo sie dann auf „fruchtbaren Boden fallen“. Der Mensch tut also gut daran, nach deren Hauptgrund zu fragen und den ursprünglichen Schuldgefühlen gegenüber sein Herz zu öffnen.

Frage: Funktioniert also eine generelle Vergebungsarbeit nicht, bei der ich allen Menschen, die mich je verletzt haben, vergebe, und alle Menschen, die ich jemals verletzt habe, um Vergebung bitte?

Eine „Rundum-Vergebung“ funktioniert nicht immer vollständig. Grundsätzlich bewirkt sie viel, denn allein durch die Absicht des Menschen, sich und die Verletzer frei zu sprechen, wird viel auf geistiger und energetischer Ebene in Bewegung gesetzt. Sie wird allerdings in jenen Fällen keine Wirkung zeigen, die mit einem sehr tiefen, traumatischen Schmerz in Verbindung stehen, der zu „Folgeerscheinungen“ führte. Hier ein Beispiel: Ein Mensch wird aufgrund einer Falschaussage eines anderen Menschen zum Tode verurteilt. Der Beschuldigte hat im Kerker genügend Zeit, um Entscheidungen für sich und damit auch für weitere Leben zu fällen. Er wird vielleicht zum Schluss kommen, dass man niemandem vertrauen darf und dass das Leben ungerecht ist. Er wird vielleicht sogar aus Wut den Ankläger mit einem Fluch belegen, der diesen viele Leben begleitet. Hier gibt es also noch Gelegenheit für Erlösungsarbeit. Aber vergiss nicht, dass diese Erfahrungen - auch wenn sie noch so leidvoll sind - einem Zweck dienen: der Selbst-Erfahrung und der Selbsterkenntnis.

Der Mensch selbst wählt auf Seelenebene die Erfahrungen, die er machen möchte. Und in dieser Erfahrung erkennt er sich selbst. Und da jeder ein Teil Gottes ist, erkennt sich letztendlich Gott.

Frage: Muss denn jeder einzelne tiefe Schmerz extra erlöst werden?

Das ist das Schöne und Wunderbare der Neuen Energie, die die Alte Energie auf der Erde gerade ablöst. Man könnte sagen, dass alle Erfahrungen, die die Menschheit in dem alten Energiemuster machen konnten, auch gemacht wurden. Das Spiel läuft sozusagen gerade aus.

Ihr spürt selber, dass die innere Arbeit zurzeit kein Ende zu nehmen scheint. Das sind wichtige Erlösungsarbeiten - Aufräum- und Putzarbeiten. Und da jedes Erlösungserlebnis eine wichtige und schöne Erfahrung für die Seele ist, nimmt der Mensch jetzt jede Gelegenheit wahr. Mit jeder Heilung eines inneren Konfliktes kommt mehr Freiheit. Energetische Blockaden lösen sich auf, wodurch die Liebe freier fließen kann. Und wo Liebe frei fließen kann, wird sie stärker - wie ein Bach, der schneller zu strömen beginnt, nachdem die größeren Steine aus seinem Lauf entfernt wurden.

Ein starker Liebesstrom erfasst auch Menschen, die weniger aktiv an ihrer Befreiung arbeiten. Dieser Vorgang wird dadurch verstärkt, dass sich auch die energetischen Grenzen zwischen den Menschen immer mehr auflösen. Das heißt, dass sich in eurer Zukunft viele schmerzvolle Themen von selber auflösen werden, es sei denn, der Mensch widerspricht diesem Prozess, da er es lieber „selber machen" will.

Frage: Da bekommt der Begriff „Freie Liebe" ja eine ganz andere Bedeutung! Oder sagen wir eher „Freie Liebesenergie". In Zukunft wird sich also jeder Mensch einfach

für die Freie Liebesenergie öffnen können und damit geheilt und gestärkt werden?

So könnte man es sagen. Aber im Grunde könnt ihr das jetzt schon.

Frage: Du sagtest eben, dass die Schuldgefühle auch deshalb manchmal sogar über viele Leben hinweg bestehen bleiben, weil viel Wut mit im Spiel ist. Könntest du dazu noch etwas sagen?

Nehmen wir nochmals das Beispiel des ungerechterweise zum Tode verurteilten Menschen. Die Geschichte spielt zudem in einer Zeit, als die Rechtsprechung starke Lücken aufwies. Der Verurteilte hat in seinem Kerker genügend Zeit, starke Emotionen zu entwickeln und zu nähren. Da wären Angst, Verzweiflung, Ohnmacht, Sorge um die Hinterbliebenen, Hoffnungslosigkeit und auch Groll, vor allem auf denjenigen, der ihn beschuldigt hat. Die Wut an sich hat auch ihren Zweck. In den meisten Fällen gibt sie einem Menschen die Energie, etwa um Verletzungen aufzudecken oder Ungerechtigkeiten aus dem Weg zu räumen. In unserem Beispielfall ist jedoch der Verurteilte allein mit seiner Wut. Die Wut-Energie bleibt in seinem System und

„vergiftet“ ihn. Sie wird sich höchstwahrscheinlich mit Hass verbinden - dem Gefühl, das am weitesten von der Liebe entfernt ist. Die Wut und der Hass stehen somit als negative Energie dem freien Fluss der Liebe zwischen Täter und Opfer im Weg. Darüber hinaus entsteht zwischen den Beiden ein energetisches „Schuldband“.

Da Energie im Universum nicht „verschwindet“, muss sie transformiert werden - auf welche Weise auch immer. Es wird in unserem Beispiel dazu kommen können, dass der Täter - wenn er gerade nicht inkarniert ist, während das Opfer sich in einem Körper auf der Erde befindet - den Kontakt zum Verletzten sucht, um seine Vergebung und damit seine Freiheit zu erbitten. Erhält er diese Freisprechung, wird auch das Opfer frei, da die negativen Energien sich nun transformieren können. Es ist nie zu spät!

Aber wie bereits gesagt: In Zukunft wird es leichter werden, denn das auf die Erde einströmende Christus-Licht bringt auch die Energie der Gnade mit sich.

Frage: Das hört sich gut an. Uns wird also Gnade zuteilwerden?

Für den psychischen Teil des Menschen ist es Gnade. Für den energetischen Teil ist es Erlösungsenergie. Für die Seele ist es ein Ablösen - ein absichtliches Beenden einer Erfahrungsphase innerhalb seiner zeitlosen Existenz.

Frage: Ich verstehe, dass es sehr wichtig ist, die eigenen Gefühle und Bedürfnisse anzunehmen und ins Herz aufzunehmen. Und ich sehe auch in meiner Arbeit, wie erlösend das ist. Manchmal scheint dies jedoch nicht die erhoffte Erleichterung zu bringen. Warum ist das so?

Es ist gut, dass wir darüber reden, denn dies ist ein sehr wichtiger Punkt, der sehr oft übersehen wird. Wenn ein Mensch beispielsweise das Gefühl von geringem Selbstwert über eine längere Zeit blockiert, verstärkt sich die Blockade des Gefühls von geringem Selbstwert zunehmend und bildet möglicherweise eine negative in sich geschlossene Energieform. Sie ist negativ, weil in der Ablehnung eines Gefühls keine Liebe ist. Vielleicht beginnt der Mensch sogar, dieses Gefühl von geringem Selbstwert zu hassen. Diese Blockade-Energie kann zu einem sogenannten „Elemental“ mit einer Eigendynamik und einem eigenen Bewusstsein werden. Wenn dies der Fall ist - wenn also ein Elemental auf einem Gefühl oder einer Emotion „sitzt“ - solltet ihr euch zunächst darum kümmern, bevor ihr daran geht, das ursprüngliche Gefühl endlich aus seinem Verlies zu befreien und in euer Herz aufzunehmen.

Wenn ihr stark genug in eurer Liebe seid, könnt ihr diesem Elemental eure Liebe schicken, damit es sich transformieren kann. Wenn ihr allerdings glaubt, nicht genügend in eurer Liebe zu sein, um sie machtvoll einsetzen zu können, könnt ihr eure Engelfreunde bitten, das Elemental zu transformieren. Das Gefühl der Ablehnung könnt ihr danach genauso in euer Herz aufnehmen, wie das Gefühl um das es hauptsächlich geht - in unserem Beispiel also das Gefühl von geringem Selbstwert.

Soziales Leben und das Innere Kind

Frage: Wie wird das soziale Leben in der Zukunft aussehen? Wie wird das Miteinander?

Die Interaktionen zwischen den Menschen sind zurzeit noch sehr geprägt von Ängsten. Und ihr habt euch so an diese Situation gewöhnt, dass ihr es noch nicht einmal im ganzen Ausmaß wahrnehmt. Vergesst nicht: Der natürliche Zustand des Menschen ist Liebe. Aus Liebe wurde er erschaffen. Er ist sozusagen ein Kind der Liebe – der Liebe Gottes und der göttlichen Mutter.

Machen wir wieder ein Beispiel: Verhält sich ein Elternteil gegenüber seinem Kind nicht liebevoll – auch wenn es nur für einen kurzen Moment ist – erfährt das Kind dies als Schmerz. Es lernt schnell, dass sich das, was nicht in der Liebe ist, schmerzvoll anfühlt. Das Kind wird demnach alles tun, um diesen Schmerz zu vermeiden. Es wird versuchen, es den Eltern recht zu machen. Erfährt das Kind viele lieblose Momente, also viel Schmerz, wird es mit der Zeit sein Herz immer mehr verschließen, um den Schmerz möglichst wenig zu spüren. Und an diesen Zustand wird es sich gewöhnen und zu der Folgerung kommen: „Das Leben ist nun mal so. Es ist lieblos. Ich gehe lieber auf Distanz zu den Menschen und halte mein Herz weitestgehend geschlossen.“ Das funktioniert natürlich innerhalb einer Gemeinschaft nicht. Und so entstehen immer wieder Situationen, in denen das Kind und später der Erwachsene von Menschen, mit denen er zwangsläufig zu tun hat, verletzt wird. Und genau davor hat er Angst. Natürlich gibt es neben der Furcht vor Verletzung viele andere Formen der Angst. Aber keine andere prägt das soziale Miteinander so sehr wie diese.

Eine Angst ist etwas Natürliches. Jede Form von Angst hat einen nützlichen Aspekt. Sei es, dass sie den Menschen vor Gefahr bewahren will, sei es, dass sie ihn auf seinem Weg vorantreiben will. Aber der Mensch neigt dazu, Angst und auch andere unangenehmen Gefühle zu verdrängen und sein Herz ihnen gegenüber zu verschließen. Ein verdrängtes Gefühl wird jedoch mit der Zeit immer intensiver.

Je mehr ein Mensch beginnt, sich selbst und all seinen verdrängten Anteilen gegenüber sein Herz zu öffnen, desto mehr kann er heilen, desto mehr kommt er in die Liebe, und desto weniger fühlt er sich von den anderen Menschen getrennt. Verständlicherweise wird dadurch auch das Miteinander „herzlicher“ werden.

Frage: Heißt das, dass in Zukunft die Menschen freundlicher zueinander sein werden, wenn immer mehr erwachen und die Zusammenhänge erkennen?

Es ist ein wundervoller Prozess! Um es zusammenzufassen: Die Schwingung auf der Erde steigt beständig. Je höher die Schwingung ist, desto stärker kann die Liebesenergie fließen. Es wird den Menschen also immer leichter fallen, sich selbst gegenüber liebevoller zu sein. Und je mehr sie mit sich selbst im Frieden sind, desto mehr Liebe werden sie auch für Andere empfinden und sich entsprechend untereinander verhalten.

Frage: Sie werden also auch mitfühlender?

Ein offenes Herz ist auch ein mitfühlendes Herz. Aber auch ein Mensch mit einem sehr verschlossenen Herzen kann mitfühlend sein. Er wird es nur weniger zeigen.

Eine leidvolle Erfahrung birgt immer auch die Chance, dass das Mitgefühl gegenüber anderen Menschen oder sonstigen Lebewesen verstärkt wird, weil am eigenen Leib erfahren wurde, wie sich das anfühlt.

Frage: Welche Rolle spielt in Zukunft die Individualität?

Zurzeit fühlt ihr noch die Trennung, die das Spielfeld der Menschheit prägt. Dieses Spielfeld ist darauf ausgelegt, dass jeder Mensch sich als Individuum erfährt. Es ist im Grunde genommen eine wundervolle Sache, denn es ermöglicht jedem, all seine Facetten kennenzulernen und zum Ausdruck zu bringen. Die „Mitspieler“ helfen dabei - sei es auf angenehme oder unangenehme Weise; entweder durch liebevolle oder schmerzvolle Unterstützung. Dadurch hat der Mensch den größtmöglichen Erfahrungsgewinn und damit das größtmögliche Wachstumspotenzial.

Dieses Spiel neigt sich nun jedoch dem Ende zu. Die Spielanordnung verändert sich. Die Dualität nimmt in ihrer extremen Art ab. Die Barrieren zwischen den Menschen lösen sich auf. Sie erkennen immer mehr, dass alles eins ist. Da, wo zurzeit noch Wettbewerb zwischen den Menschen herrscht, wird jeder Einzelne erkennen, dass jeder Fortschritt des Anderen auch den eigenen Fortschritt begünstigt. Es ist kein Gegeneinander mehr, sondern ein Mit- und Füreinander.

Die Individualität bleibt bestehen und wird sogar noch mehr zum Ausdruck kommen, je freier der Mensch ist - insbesondere frei von Ängsten.

Frage: Gibt es in unserem Miteinander etwas, worauf wir mehr achten sollten?

Ich habe bereits viel über Liebe gesprochen. Liebe ist das Alpha und das Omega. Sie steckt auf die eine oder andere Weise in jedem Thema, das euch beschäftigt. Ich möchte hier aber auf einen ganz besonderen Aspekt eingehen, der in der heutigen Zeit von den meisten Menschen sehr vernachlässigt wird. Es ist der Respekt - der Respekt voreinander. Bevor du einen Menschen lieben kannst, gilt es, ihn zu respektieren. Und auch wenn du ihn niemals lieben könntest, weil er dir zu unangenehm oder fremdartig ist oder was auch immer, kannst du ihn dennoch respektieren. Es fängt schon in der frühen Kindheit an. Respektiert ihr eure Kinder? Hier wird die Saat gelegt. Für das zukünftige Leben und das zukünftige Miteinander der nächsten Generationen.

Respekt beinhaltet, den anderen Mensch so, wie er ist, anzuerkennen und ebenso seine Art zu leben – letztendlich auch sein Anderssein. Respekt ist im Grunde genommen die einfachste und direkteste Form, einen Menschen wertzuschätzen. Und ich rede hier nicht von dem angstvollen Respekt, den man öfter gegenüber Autoritäten hat, sondern von einfachem, liebevollem Respekt. Ein Kind, das zu wenig Respekt erfährt, fühlt sich automatisch zu wenig wertgeschätzt, vielleicht sogar minderwertig. Respekt, den ein Mensch nicht in seiner Kindheit erfährt, fehlt ihm meist dauerhaft. Er wird sein Leben lang versuchen, respektiert zu werden, und bestimmte Verhaltensformen annehmen, um Respekt von Anderen zu erfahren. Wenn er in eine machtvolle Position kommt, wird er Respekt einfordern, indem er besonders streng wird, vielleicht sogar diktatorisch. Beispiele hierfür gibt es zurzeit auf der Erde viele.

Ein Mensch, der in seiner Kindheit zu wenig Respekt erfahren hat, wird sich zudem als Erwachsener bemühen, möglichst ernst genommen zu werden und erwachsen zu wirken, um wenigstens dann ein wenig Respekt zu bekommen, was schließlich auch eine Form der Anerkennung ist. Dabei passiert es jedoch oft, dass er das Kind in sich völlig verbannt. Alles, was nach außen kindisch wirken könnte, wird verdrängt. Und das ist bedauernswert, denn das Kind bringt so viel Freude. Es weist den Erwachsen darauf hin, wo er Freude erfahren kann. Ein Mensch, der das Kind in sich verdrängt, weiß daher meist nicht mal, was ihm Freude macht. Oftmals führt dies zu Depressionen und dem Gefühl von Sinnlosigkeit.

Ich habe euch schon zu meiner Zeit als Jesus von Nazareth darauf hingewiesen, wie wichtig es ist, einen kindlichen Aspekt beizubehalten. Denn das Kind in euch ist eine Quelle von Lebendigkeit, Freude, Liebe, Offenheit, Neugier und dem Vermögen, über die schönen Dinge des Lebens zu staunen und begeistert zu sein. Das Kind in euch ist auch weitestgehend angstfrei, es sei denn, ihr hattet in eurer Kindheit viele angsterzeugende Situationen. Aber auch dann: Wenn ihr weit in die frühe Kindheit zurückgeht, werdet ihr an einen Punkt kommen, an dem ihr euch wirklich angstfrei, völlig geborgen, sicher und geliebt fühltet. Das ist nur in Einzelfällen nicht so. Es ist wichtig, dieses Kind wiederzuentdecken und ihm Raum zu geben. Es bereichert euer Leben.

Frage: Mir fällt in diesem Zusammenhang das Singen ein. Kinder singen ja viel häufiger als Erwachsene. Welche Bedeutung hat das Singen für den Menschen?

Das Singen ist eine Ausdrucksform des Menschen. Jedes Wesen hat das Bedürfnis, sich auszudrücken, auch wenn es ihm nicht ganz bewusst ist. Dies ist ein sehr wichtiger Aspekt, der noch nicht vollständig verstanden wird. Es gibt so vieles im Menschen, das sich gerne ausdrücken möchte, seien es Begabungen, Fähigkeiten, psychologische Teilbereiche, Emotionen oder einfach Wissen. Finden sie keinen Ausdruck, entsteht eine energetische Blockade. Die Energie kann dort nicht fließen, wo sie gerne fließen möchte.

Das Singen ist eine natürliche Ausdrucksform. Es bringt die Energien, die im Körperenergiesystem des Menschen vorhanden sind, zum Fließen. Ein großer Teil davon sind Gefühle und Emotionen, die durch das Singen zum Ausdruck kommen. Dadurch wirkt das Singen heilend, weil Gefühle, die durch dauerhaftes Verdrängen blockiert sind, wieder gefühlt und zum Ausdruck gebracht werden.

Das ist ein Aspekt. Ein weiterer ist die Schwingung, die beim Singen erzeugt wird. Da, wo die Schwingung im Körper des Menschen niedrig ist, wird sie erhöht, wodurch er energetisiert wird. Zellen, die nicht gleich schwingen, werden harmonisiert und vitalisiert.

Eine weitere Wirkung des Singens ist die Persönlichkeitsentfaltung. Jeder Mensch hat seine ureigene Singstimme. Und beim Singen stärkt er seine Persönlichkeit, indem er sie nach außen bringt. Egal, ob er vor Menschen singt und nur für sich selbst. Er stärkt seine Persönlichkeit, sein Selbst. Jemand, der wenig oder gar nicht singt und erst spät in seinem Leben damit beginnt, hat oft zunächst Schwierigkeiten, seine Stimme zu finden. Aber sie ist da und wird durch das Praktizieren früher oder später hervorkommen. Im Endeffekt wird man sich durch Singen vollständiger fühlen.

Der Mensch bringt also mit seiner Singstimme sein Selbst zum Ausdruck und in die Welt hinaus. Mit jedem Ton sagt er dem Leben: Hier bin ich! Das bin ich! Und ich stehe zu mir selbst! Das funktioniert jedoch nur, wenn ihr nicht versucht, die Stimme eines anderen Menschen zu kopieren. Öffnet beim Singen jegliche Schranke und jede Bewertung und lasst die Stimme fließen. Ihr stärkt mit dem Singen euer Energiefeld. Eure Aura wird klarer und kräftiger, wodurch ihr weniger angreifbar seid. Deshalb ist das Singen auch in einer beängstigenden Situation so hilfreich. Es wirkt in einem solchen Moment nicht nur gegen die Angst, sondern schützt euch tatsächlich.

In der westlichen Welt gehört das Singen meist nicht mehr zur Kultur. Viele Menschen, die singen – ob beruflich oder in der Freizeit – werden sogar bestaunt. Aber vergesst nicht: Jeder Einzelne von euch hat seine ganz persönliche Singstimme. Sie gehört zu jedem Menschen wie die Stimme selbst. Deshalb: Singt mehr! Singt aus den Tiefen eures Herzens heraus! Es wird euch befreien, es wird euch heilen und „ganz" machen. Aber bleibt beim Singen authentisch!

Partnerschaften

Frage: Wird es in der Zukunft auch in Hinsicht auf Partnerschaften Veränderungen geben?

Es wird in diesem Bereich tatsächlich Veränderungen geben. Eure Partnerschaften sind seit jeher ein Spielfeld eurer Ängste. Hier kommen sie ganz besonders hervor. Die meisten zwischenmenschlichen Konflikte innerhalb eurer Beziehungen entstehen vor allem durch die Angst vor Verletzung und die Angst vor dem Verlassenwerden und damit vor Einsamkeit. Ihr klammert euch an euren Partner und gleichzeitig stoßt ihr euch jedes Mal voneinander ab, wenn ihr euch gegenseitig verletzt. Dadurch ist es in vielen Partnerschaften nicht wirklich möglich, zur Ruhe zu kommen, es sei denn, die Leidenschaft erlischt und auch die Liebe.

Wenn in der Zukunft eure Ängste nicht mehr so schwerwiegend sind, werden auch eure Partnerschaften eine neue Qualität erlangen. Sie werden freier, unbelasteter und letztendlich auch fröhlicher. Wenn zudem auch karmische Altlasten und karmische Verstrickungen keine Rolle mehr spielen, weil diese erlöst wurden, wird es in einer Partnerschaft vor allem darum gehen, sich zu ergänzen, sich gegenseitig zu fördern und - Liebe zu „generieren".

Wie eng oder ausschließlich die jeweilige Beziehung gestaltet wird, liegt beim Paar selber. Da jede Beziehung auf Vertrauen basieren sollte, wird es auch in Zukunft abzusprechen sein, wie offen eine Partnerschaft sein darf. Es geht auch hier sehr viel um Energien, speziell um Energien, die innerhalb einer Partnerschaft entstehen. Geht einer der Partner eine zusätzliche Partnerschaft mit jemand anderen ein – sexuell oder auch rein freundschaftlich - könnten die neu hinzugekommenen Energien diejenigen der ursprünglichen Partnerschaft stören. Dies kann sein, muss aber nicht sein.

Es kann also auch hier nichts verallgemeinert werden. Die Menschen bleiben in ihrem Wesen und ihren Einstellungen unterschiedlich, und auch die Partnerschaften werden in der Zukunft verschieden gestaltet sein. Was jedoch gesagt werden kann, ist, dass Unehrlichkeit in einer Beziehung fast nicht mehr möglich sein wird, weil die göttliche Liebe dies nicht mehr zulassen wird. Und ich spreche hier vor allem über die Liebe zu sich selbst.

Frage: Es gibt Partnerschaften, in denen die Partner das Gefühl haben, miteinander zu verschmelzen. Das ist natürlich im ersten Moment ein sehr angenehmes Gefühl, später kann es aber auch unangenehm sein. Ist dieses Verschmelzen in der Partnerschaft erstrebenswert? Ist es für jeden Menschen möglich, das zu erleben?

Auch dies ist eine Erfahrung, die gemacht wird, um daran zu wachsen. Eine Partnerschaft, in der die Partner energetisch und geistig verschmelzen, wird auf Seelenebene geplant, ist aber nicht Teil eines jeden Seelenplanes und auch nicht für jede Seele in jedem irdischen Leben wichtig. So schön diese Erfahrung ist, so schmerzhaft sind auch die Begleiterscheinungen, die nicht zu vermeiden sind. Man kann es mit einer Sucht vergleichen. Um dieses Gefühl des Verschmelzens so oft wie möglich zu erleben, macht der Mensch auf anderen Ebenen Abstriche.

Wenn jemand immer wieder die Erfahrung des Verschmelzens mit seinem Partner macht, wird er in den Momenten, in denen er die Verschmelzung nicht spürt - aus welchem Grund auch immer - das Gefühl von Einsamkeit oft sehr schmerzvoll erfahren. Er ist für das Gefühl von Glück auf den Partner angewiesen, mit dem er verschmelzen kann, und vergisst dabei, das Glück in sich selber zu suchen und zu finden.

Hinzu kommt die Angst, den anderen Menschen zu verlieren. Sie ist in einer solchen Partnerschaft größer als in einer Partnerschaft, in der das Verschmelzen eine weniger große Rolle spielt. Es ist von daher nicht für jeden erstrebenswert.

Eine Verschmelzung mit einem anderen Menschen ist nur dann möglich, wenn eine gewisse Übereinstimmung der Frequenzen beider Partner besteht. Dies wiederum ist nur möglich, wenn zwei Seelen aus derselben Seelenfamilie kommen und eine starke Verbindung zwischen beiden besteht. Diese Verbindung basiert auf mannigfaltigen Erfahrungen, die man bereits in anderen Leben miteinander gemacht hat. Dadurch spüren beide Partner sehr schnell eine tiefe Vertrautheit, Geborgenheit und ein intuitives Wissen, wie der andere denkt, fühlt und handelt. Während der Verschmelzung fühlen sich beide oft völlig angstfrei und „glückseelig“.

Meist kommt noch hinzu, dass in einem anderen Leben eine tiefe Liebe zueinander vorhanden war und die Verbindung auf die eine oder andere Weise gewaltsam getrennt wurde. Daraus entstehen eine tiefe Sehnsucht und ein Verlangen nach dem anderen, die scheinbar nicht befriedigt werden können.

Eine Partnerschaft, in der beide Partner miteinander verschmelzen, hilft beiden, ihr Herz vollständig zu öffnen und Liebe in einer sehr intensiven Form zu erfahren. Ein Mensch, der in einer solchen Partnerschaft lebt, fühlt sich stark und beschützt und kann sich dadurch in bestimmten Bereichen besser entfalten. Allerdings wird es für den Einzelnen immer schwieriger, sich von Konflikten, die nur den anderen betreffen, zu distanzieren und energetisch zu trennen, was für eine Partnerschaft sehr belastend sein kann. Selbst körperliche Symptome können im Extremfall vom anderen gespürt und erlitten werden.

Wie bereits zu Anfang erwähnt, ist dies eine Erfahrung, die eine Seele macht, aber es ist nicht so, dass dies ein Zeichen von Vollendung ist - was man glauben könnte, da es sich hierbei um eine sehr leidenschaftliche und starke Liebe handelt. Diese Erfahrung ist wichtig und hilft den Menschen letztendlich zu erkennen, dass dies nicht das Ziel sein kann und auch nicht die Vollendung. Das eigentliche Ziel ist die Liebe zu sich selbst und das „In-sichrund-Werden". Dadurch wird der Mensch nahezu unabhängig von der Liebe anderer Menschen.

Frage: Lieber Sananda, würdest du uns bitte einen Tipp geben, wie unsere Partnerschaften glücklicher werden könnten?

In jeder Beziehung - und dies ist auch eine Hauptaufgabe von Beziehungen - werden innere Konflikte immer wieder hervorgerufen, die dann zu Reibungen zwischen den beiden Menschen führen. Eine reife Seele, ein reifer Mensch, hat bereits viele seiner inneren Konflikte gelöst oder ist sich ihrer zumindest bewusst und kann besser und klarer mit ihnen umgehen. Er wird im Falle einer Verletzung durch den Partner gleich wissen, worum es wirklich geht, und mit der Situation weise umgehen. Solche Partnerschaften sind natürlicherweise glücklicher.

Es ist daher von Vorteil, sich bei Streitigkeiten durch Verletzungen oder Enttäuschungen die Zeit zu nehmen, nach innen zu schauen, um zu erkennen, welcher innere Schmerz gerade berührt wurde. Dies sind wunderbare Gelegenheiten und Chancen, an sich selber zu arbeiten, um zu heilen. Es ist aber auch wichtig, dies ehrlich und direkt und möglichst frei von Emotionen seinem Partner zu vermitteln, damit dieser verstehen und in Zukunft verständnisvoller mit dem anderen umgehen kann. Meist weisen Konflikte darauf hin, dass in *beiden* Partnern ein inneres Thema vorhanden ist, wodurch es angemessen ist, dass beide ihre Situation dem anderen offenbaren.

Es ist zudem wichtig, dass sich die Partner nicht ständig Schuld zuweisen. Oftmals passiert dies ganz unbewusst und automatisch, vielleicht auch, weil man dies vom Elternhaus gewohnt ist. Achtet darauf, denn Schuldgefühle sind in jeder Partnerschaft ein großes Thema. Sie belasten eure Beziehungen mehr, als ihr denkt. Oft wird dem Partner Schuld eingeredet, um Macht über ihn zu erlangen. Ein Mensch, der willentlich immer wieder in seinem Partner Schuldgefühle erzeugt und dadurch eine gewisse Machtposition ihm gegenüber einnimmt, versucht letztendlich, ihn aus selbstsüchtigen Gründen zu manipulieren. Dies hat nichts mehr mit Freiheit zu tun und erst recht nicht mit Liebe!

Mein zweiter Rat ist daher, dass ihr darauf achtet, dem anderen keine Schuldgefühle zu machen. Der sich schuldig Fühlende wird mit großer Wahrscheinlichkeit im Gegenzug jede Situation nutzen, in der er dem Anderen ein Schuldgefühl injizieren kann. Wir hatten bereits an anderer Stelle erwähnt, dass Schuldgefühle das Selbstwertgefühl eines Menschen drastisch beeinträchtigen. Jemand, der sich schlecht und klein fühlt, wird Schwierigkeiten damit haben, sich selbst zu lieben. Und ein Mensch, der sich selbst nicht lieben kann, wird auch nicht in der Lage sein, einen anderen Menschen bedingungslos zu lieben.

Als Drittes möchte ich darauf hinweisen, dass ihr oft mit sehr vielen Erwartungen in eine Partnerschaft geht, von denen die meisten nicht erfüllt werden können. Enttäuschung und Frustration sind somit vorprogrammiert. Sicherlich darf es Dinge geben, die ein Mensch sich von seinem Partner beziehungsweise seiner Partnerschaft erwünscht. Und es gibt auch Bedürfnisse, die erfüllt werden sollten. Aber in den seltensten Fällen wird der Partner alle Wünsche befriedigen können. Macht ihm dies nicht zum Vorwurf, sonst wären wir auch hier schnell wieder bei Schuldgefühlen, die eine Partnerschaft nur belasten.

Macht euch bewusst, dass jede Art von Partnerschaft dem Menschen ein immenses Wachstumspotenzial bietet. Durch den anderen, der euch so nah ist, und für den ihr euer Herz geöffnet habt, bekommt ihr die Möglichkeit, euch selber besser kennen zu lernen und auch eure inneren Bereiche, die geheilt werden dürfen. Seid eurem Partner dankbar dafür! Dankbarkeit ist eine Form des Seg(n)ens, durch die noch mehr Liebe in eine Beziehung fließen kann. Und vergesst nicht, dass auch in partnerschaftlichen Themen Wesen aus höheren Dimensionen euch liebevoll zur Seite stehen und euch helfen.

Sucht

Frage: So viele Menschen sind süchtig nach Nikotin, Drogen, Alkohol oder etwas anderem. Würdest du bitte erklären, warum es Süchte gibt?

Grundsätzlich gilt auch hier, dass sich die Seele bei der Ausarbeitung ihres Lebensplanes die Erfahrung der Sucht selber wählt. Es ist eine ähnliche Erfahrung wie die einer Behinderung. Ein Mensch verliert zum Beispiel bei einem Unfall ein Bein. Es wird ihm etwas genommen, wodurch er in seiner Freiheit eingeschränkt wird. Der Erfahrungsschatz gründet auf den Fragen: Wie gehe ich damit um? Was macht das mit mir? Kann ich mich und meine Geschichte bejahen? Erkenne ich trotzdem das Göttliche in mir? Bei einer Sucht wird dem Menschen ein Teil seines freien Willens genommen. Auch der Süchtige ist also in seiner Freiheit eingeschränkt.

Auf dem spirituellen Weg des Menschen, sich seiner Göttlichkeit immer bewusster zu werden, lenkt allerdings eine Sucht eher von diesem Weg ab. Hinter der Sucht steht der Versuch, sich zu betäuben.

Man will all die unangenehmen Gefühle, die von Zeit zu Zeit hochkommen, nicht fühlen. Man will etwas nicht wahrnehmen. Man will etwas nicht als Wahrheit annehmen. Um diesen Zustand zu erreichen, nimmt der Mensch sogar in Kauf, dass durch hohe Mengen der jeweiligen Suchtsubstanz seine Physis und seine Psyche Schaden erleiden, wodurch er noch mehr seine Göttlichkeit „verstümmelt".

Frage: Also gilt es auch hier, sich seinen schmerzvollen Erfahrungen zu stellen beziehungsweise seinen schmerzvollen Gefühlen?

Ja, allerdings reicht dies nicht immer aus, um aus einer Sucht herauszukommen. Viele Substanzen beschädigen den Energiekörper des Menschen, wodurch er anfällig wird für Wesen, die sich von seiner Energie ernähren wollen. Diese Gefahr verstärkt sich, je mehr ein Mensch Schmerzen und schmerzvolle Gefühle verdrängt – ihnen also seine Liebe verwehrt. Kann ein solches Wesen bis zu einem bestimmten Punkt im Energiesystem des Menschen vordringen, hat es die Macht, alle ungeliebten verdrängten Teile zu verstärken. Unangenehme Gefühle werden also noch schmerzvoller. Angst wird zu Panik, Ärger wird zu Rage, und Schuldgefühle so sehr verstärkt, dass der Mensch meint, ein schlechter Mensch zu sein, der keine Liebe verdient.

Frage: Wie wird man ein solches dunkles Wesen wieder los?

In erster Linie mit bedingungsloser, reiner Liebe. Sie ist die stärkste Macht im Universum und darüber hinaus. Dunkle Wesen haben sich zu irgendeinem Zeitpunkt entschieden, die Erfahrung zu machen, möglichst ohne die Liebe Gottes auszukommen. Sie haben sich so weit wie möglich von der Quelle des Lichts und der Liebe entfernt und sich der Dunkelheit verschrieben. Für die Dunkelheit ziehen sie sogar in den Kampf gegen das Licht. Da sie allerdings in einem offenen Kampf nie gewinnen können, gehen sie sehr subtil vor. Dies zeigt sich auf der Erde vor allem in der Schwächung des Menschen. Er wird auf die eine oder andere Weise daran gehindert, seine Göttlichkeit und damit seine göttliche Macht zu erkennen. Zweifel werden geschürt. Die dunklen Wesen bringen sozusagen den Menschen selbst dazu, die ihm eigene göttliche Liebe und das göttliche Licht zu schwächen. Sie selber könnten das nicht. Ein Mensch, der zu einem hohen Grad in der Liebe zu sich selber ist, kann von ihnen nicht „angezapft" werden.

Es ist daher wichtig, dass der Mensch, der bereits ein dunkles Wesen an sich hat, sich seiner „dunklen" Stellen erbarmt und sie mit Liebe heilt. Kann er selber nicht genügend Liebe aufbringen, hat er die Möglichkeit, lichtvolle Wesen wie die Engel oder mich um Hilfe zu bitten oder auch einen anderen Menschen, der es versteht, die Macht des Lichtes und der Liebe zu nutzen.

Häufig kommt es auch vor, dass sich der Energiekörper eines verstorbenen Menschen an einen Lebenden anheftet. Wenn die sogenannte „erdgebundene Seele" in ihrem gerade abgeschlossenem Leben mit einer Sucht zu tun hatte und sich dabei dunkle Wesen „eingefangen" hat, kann es dazu kommen, dass der behaftete lebende Mensch ebenfalls einer Sucht verfällt. Aber vergesst nicht: Auch diese Erfahrung gehört zum Lebensplan des Einzelnen. Derjenige, der einen anderen auf diese Weise in eine Abhängigkeit bringt, tut ihm sozusagen einen Gefallen!

Frage: Trifft dies alles auch auf Nikotinsucht zu?

Ein Nikotinsüchtiger möchte sich ebenfalls betäuben. Er will seine Sinne „vernebeln". Im Gegensatz zu einem Alkoholsüchtigen will er jedoch nicht sein Bewusstsein verlieren. Da die dunklen Wesen es leichter haben, einen Menschen in einem bewusstlosen Zustand zu besetzen, sind Nikotinsüchtige weniger stark gefährdet.

Frage: Gibt es auch Fälle, bei denen es um eine rein körperliche Abhängigkeit geht?

Die Physis folgt immer dem Geist. Ein Mensch, der sich von ganzem Herzen entscheidet, die Sucht abzulegen und sich zudem seinen Ängsten und anderen unangenehmen Gefühlen zu stellen, ist nicht aufzuhalten. Es sei denn, dass seine Seele durch die Sucht noch bestimmte Erfahrungen machen möchte.

Frage: Haben Menschen, die mit einem Süchtigen eng verbunden sind, sich ebenfalls diese Erfahrung „ausgesucht"?

Ja, und immer wieder ja. Auch sie machen durch das Zusammenleben mit einem Süchtigen wichtige Erfahrungen, durch die sie wachsen und zu ihrem wahren Selbst finden können. Es sind oft die sehr schmerzvollen Erfahrungen, die dem Menschen dabei helfen, sich vollständig kennenzulernen. Sie helfen dabei, seine Schattenseiten endlich im vollen Umfang wahrzunehmen, damit Licht dort hineinfließen kann und der Mensch in seine Wahrhaftigkeit kommt. Liebe kann nur dort fließen, wo Wahrhaftigkeit ist!

Matrix, Ängste und Neid

Frage: Man hört in letzter Zeit so viel von der sogenannten „Matrix". Irgendetwas, das sich um die Erde spannt und den Menschen gefangen hält. Kannst du uns bitte sagen, was es damit auf sich hat?

Im Grunde genommen ist diese Matrix ein großes Experimentierfeld. Aber ihr solltet niemals vergessen, dass ihr dieses Feld *gemeinsam* erschaffen habt, um darin Erfahrungen zu sammeln. Ja, es geht immer wieder um das Sammeln von Erfahrungen. Die Seele des Menschen ist sich ihrer Göttlichkeit und ihrer Essenz aus reiner Liebe bewusst. Für sie bietet jede Erfahrung, nicht uneingeschränkt mächtig und nicht in der Liebe zu sein, ein großes Wachstumspotenzial. Und für sie ist selbst ein ganzer Inkarnationszyklus nur ein kurzer Moment in ihrem zeitlosen Dasein.

Das menschliche Leben auf der Erde wird durch bestimmte Faktoren beeinflusst, durch die der Mensch in seinem Potenzial „eingeschränkt" ist. Durch sie ist er in der Regel seiner Unendlichkeit, seiner Allmacht und seiner Allliebe nicht bewusst.

Zu diesen Faktoren gehört vor allem ein programmiertes Energienetz, dass um die Erde gespannt wurde. Diese sogenannte Matrix beeinflusst euer Bewusstsein und eure Gedanken. Und da eure Gedanken euer Leben maßgeblich bestimmen und ihr die Erfahrung machen wollt, wie es ist, nicht in eurer Kraft und in eurem vollen Bewusstsein zu sein, habt ihr euch bereit erklärt, euch dieser Matrix „auszuliefern".

Es gibt noch einiges, das ihr über euer Gehirn lernen werdet. Allerdings wurde auch schon viel herausgefunden. Man hat zum Beispiel erkannt, dass das Potenzial eures Gehirns und der Einfluss eurer Gedanken auf euer Leben viel größer sind, als es euch bisher bewusst war. Und da die sehr starken Programmierungen der Matrix eure Gedanken manipulieren, beeinflussen sie gleichzeitig auch euer gesamtes Leben.

Das Energiefeld dieser Matrix ist sehr stark. Es wurde von technologisch weitentwickelten Wesen aus selbstsüchtigen Gründen „installiert". Äußerlich sieht es so aus, als wären diese Wesen die Stärkeren, und die Menschen ihre Opfer - diejenigen, die in diesem Netz gefangen sind. Tatsächlich ist es so, dass die Menschen durch dieses Netz manipuliert werden und auch willfährig sind. Natürlich gibt es auch hier Unterschiede von Mensch zu Mensch. Doch wie jede Erfahrung, vor allem eine in irgendeiner Weise begrenzende, schmerzvolle Erfahrung das Potenzial hat, den Menschen stärker zu machen, so bringt auch diese Matrix eine solche Entwicklung mit sich. Der Mensch wächst trotzdem und er wächst *an* diesem Netz. Er wurde sozusagen unterschätzt. Im Grunde ist der Mensch zu viel mehr fähig als weithin angenommen.

Aber ihr wisst auch, dass sich zurzeit die Energien auf der Erde verändern. Die Schwingung steigt, sie wird feiner und intensiver. Durch sie wird die dreidimensionale Welt, wie ihr sie kennt, „aufgebrochen". Dies führt dazu, dass der menschliche Geist befreit wird und der Mensch immer mehr in seine Kraft kommt. Er wacht auf aus dem, was ihr einen Albtraum nennen würdet. Er wacht auf, sein Geist wird klar, und er denkt: „Wow, das war ja mal ein schrecklicher Traum!" Aber er schüttelt ihn ab und freut sich auf den neuen Tag, der so viel Freude bringt, so viel Licht und Liebe. Einen Tag ohne Begrenzung, an dem er neugierig darauf ist, was er wohl bringen mag. Wie ein Kind, das über seine Fähigkeiten staunt, die plötzlich aus ihm heraussprudeln. „Schau an, ich kann malen, ich kann Sätze bilden, ich kann singen und tanzen – ich kann lieben!“

Ich möchte euch nochmals daran erinnern, dass alles eins ist. Alles ist göttlich! Auch die dunklen Wesen, die bis hierhin sehr viel Macht über euch hatten, sind Teil Gottes. Auch mit ihnen seid ihr im Grunde genommen eins. Es wäre gut, wenn ihr mit dem Schwarz-Weiß-Denken aufhören würdet. Vielleicht stellt ihr euch mal vor, dass auch diese dunklen Wesen nicht ganz schwarz sind. Auch unter ihnen gibt es die etwas graueren, auch die hellgrauen. Auch unter ihnen gibt es Überläufer und Rebellen. Und vergesst auch nicht, dass selbst die dunkelsten Wesen euch dienlich sind, weil es euer größter und innigster Wunsch ist, zu wachsen und euer ganzes Potenzial zu leben. Und dieses Potenzial ist göttlich.

So kann man sagen, dass mit jedem Wachstum sich Gott mehr in euch entwickeln und auf immer vielfältigere Weise zeigen kann. Gleichzeitig wird Bewusstsein geschaffen. Ihr werdet euch eurer selbst bewusst und auch eurer Göttlichkeit. Auch dies umfasst das jetzige Aufwachen. Es ist, als würde Gott aus all euren Ecken herausströmen – teilweise aus Bereichen, die euch noch völlig unbekannt sind.

Und es sind tatsächlich die dunklen Aspekte des Lebens, die euch dabei helfen.

Ihr wacht also nun auf, durchbrecht diese Matrix und geht auf Entdeckungsreise. Ihr entdeckt euch selbst, ihr befreit euch selbst und habt sehr viel Freude dabei. Und es wird noch etwas anderes geschehen: So wie ihr euch selber plötzlich entdeckt und Freude daran habt, so werdet ihr auch eure Mitmenschen mit anderen Augen zu sehen beginnen. Ihr werdet auch in ihnen das Göttliche erkennen und dessen wunderschöne Facetten. Und das wiederum wird euch selber Energie geben und noch mehr motivieren.

Das Schönste bei allem ist jedoch, dass sich die Liebe entfaltet - in jedem Menschen. Bei einigen wird es schneller gehen. Aber je mehr Menschen noch mehr in die Liebe kommen, desto leichter wird es auch denjenigen fallen, die noch in dieser Matrix gefangen sind und in dem Gedanken, hilflos und nicht liebenswert zu sein. Und noch etwas anderes wird geschehen: So wie ihr in anderen Menschen das Göttliche sehen werdet, werdet ihr auch in allen anderen Wesen das Göttliche erkennen: in Tieren, in Pflanzen und sogar in den Steinen. Ihr werdet auf allen Ebenen erkennen, wahrnehmen und fühlen, wie bunt und reich euer Leben hier auf der Erde im Grunde immer schon war.

Frage: Was kann der Mensch tun, um aus dieser Matrix auszubrechen?

Die Matrix kann nicht mehr fortbestehen, weil die Licht-Energien auf der Erde immer stärker werden. Die Voraussetzungen, die gegeben waren, um überhaupt diese Matrix erstellen zu können, verändern sich drastisch. Man könnte sagen, dass dieses Netz seine Fixpunkte verliert und sich dadurch mehr und mehr lockert. Zudem löst es sich stellenweise immer weiter auf. Es ist also ein automatischer Prozess, der bereits in Gang ist.

Allerdings ist der einzelne Mensch auch in seinen inneren Mustern gefangen, so dass es ihm schwerfällt, aus dem gewohnten System der Matrix auszubrechen. Auch diese individuellen Begrenzungen sollte man nicht unterschätzen. Und auch hier kommt wieder das Ego ins Spiel, das sehr gerne in seinen Identifikationen bleibt, auch wenn diese nicht positiv sind und sich nicht gut anfühlen. Das Ego neigt dazu, zu sagen: „Das war schon immer so; das bin ich gewohnt; hierin kenne ich mich aus, also will ich es nicht anders haben."

Seid ihr bereit für Veränderungen? Seid ihr *wirklich* bereit für große Veränderungen? Seid ihr bereit, eines Morgens aufzuwachen, in den Spiegel zu schauen und ein Wesen zu sehen, das irgendwie anders aussieht als am Tag zuvor? Und festzustellen, dass ihr euch auch anders fühlt - irgendwie unbegrenzter? Was macht der Mensch mit dieser neugewonnenen Freiheit? Zunächst ist er ziellos, haltlos, und das macht Angst. Dies sind Dinge, die der Mensch überwinden muss, wenn die Matrix sich nun langsam auflöst. Er kann sich allerdings schon jetzt entscheiden, der Angst vor Veränderung zu begegnen und ihr zu sagen, dass sie in gewisser Weise zwar verständlich ist, aber dass er nun bereit ist, aufzuwachen und dem neuen Leben, das sich vor ihm auftut, entgegenzugehen. Und so rufe ich jedem Einzelnen zu: Nimm deinen Mut zusammen! Sei bereit, über dich und deine gewohnten Grenzen hinauszuwachsen. Erkenne, dass dies ein großes Experimentierfeld war - sozusagen ein Selbsterkennungsspiel mit hohem Schwierigkeitsgrad - und dass dieses Spiel vorbei ist.

Frage: Gibt es irgendetwas auf unserem Weg in diese neue Welt, das uns Halt gibt?

In dem Maße, wie ihr eure Göttlichkeit erkennt - Gott in euch erkennt - werdet ihr auch den Halt immer mehr in euch selber spüren. Ich verstehe, dass viele von euch Schwierigkeiten damit haben, aber ich bitte euch zu vertrauen. Es gibt keinen anderen Weg. Ihr werdet ihn so oder so gehen, denn ihr habt dies so gemeinsam auf höherer Ebene beschlossen.

Frage: Ängste beherrschen unser Leben scheinbar mehr, als uns bewusst ist. Und sie bremsen uns in unserem Wachstum und verhindern zu einem gewissen Grad, dass wir in die Liebe kommen. Könntest du uns einen ganz praktischen Rat geben, wie wir mit unseren Ängsten umgehen sollten, damit wir freier werden?

Das, was euch am meisten daran hindert, frei zu sein, zu tun und zu lassen, was ihr wollt, und die Liebe zu leben, liegt nicht nur in den Ängsten, die ihr habt, sondern im Umgang mit ihnen. Jeder Mensch hat mit mehreren Ängsten zu tun. Einige sind dem Menschen bewusst, einige aber auch nicht. Und dieses Unbewusste stellt die größte Herausforderung dar, weil die Ängste - solange sie euch nicht bewusst sind - einem Garten ähneln, der nicht gepflegt wird. Der Garten verwildert, sogenannte Unkräuter wuchern, und am Ende ist kein Durchkommen und noch nicht mal eine Durchsicht möglich.

Die unbewussten Ängste durchwirken euer gesamtes Energiesystem, und ihr merkt es noch nicht einmal. Wie bereits früher erwähnt, gibt es Kräfte, die diese Emotionen forcieren. Dunkle Kräfte, die die Ängste - vor allem die unbewussten - künstlich verstärken, damit sie mehr Einfluss auf euch haben, euch besser lenken können und letztlich auch in eurem Wachstum behindern können. Es gilt also in erster Linie, euch eurer Ängste bewusst zu werden und euch auch nicht vor ihnen zu scheuen oder euch sogar für sie zu schämen. Insbesondere Männer haben hier oft Schwierigkeiten, da das Bewusstwerden einer Angst ihre gefühlte Männlichkeit - und damit ihre Stärke - zumindest anfänglich schwächt. Wer so denkt, steht sich im Grunde selbst im Weg.

Es ist wichtig, euch eurer Ängste bewusst zu werden und zu ihnen zu stehen. Macht euch klar, dass viele von ihnen, vor allem die, die euch nicht bewusst sind, von den dunklen Kräften manipuliert werden und somit nicht mehr „natürlich" sind. Dadurch sind sie schwer zu erkennen. Diese unnatürlich gewordenen Ängste arbeiten eng mit dem Verstand zusammen. Sie weisen nur zu gerne auf das, was passieren *könnte,* und das ist meistens nicht das, was sich für euch gut anfühlt. Euer Verstand wird immer Gründe *für* eure Angst vorweisen, viel eher als Gründe *gegen* die Angst. Ist euch das schon mal aufgefallen? Zudem seid ihr mit eurem Bewusstsein meistens mehr bei den logischen Gründen *für* eine Angst als bei der Angst selbst. Dieses Ablenkungsmanöver ist euch antrainiert worden. Und da ihr das in den seltensten Fällen erkennt, ist dieser Vorgang auf unbewusster Ebene zum Automatismus geworden.

Durchbrecht diesen Automatismus ganz bewusst und entschieden, und wendet euch euren Ängsten zu! Sendet ihnen eure Liebe, um sie in ihren natürlichen Zustand zu transformieren. Bringt sie zurück zu ihrer eigentlichen Aufgabe - euch zu schützen und euch zu warnen, wenn wirklich Gefahr besteht, oder euch sogar zu unterstützen. Denn die Ängste können Kräfte in euch mobilisieren, die noch im Verborgenen sind. Sie sind im natürlichen Zustand eure Partner und Unterstützer und arbeiten für und nicht gegen euch. Bittet die lichtvollen Wesen an eurer Seite bei der Transformation der Ängste mitzuwirken, und ihr werdet sehen, dass einige sogar ganz von euch gehen werden, so zum Beispiel die Angst vor der Angst.

Bedenkt aber auch, dass die meisten eurer Ängste einen Ursprung haben. Sei es ein Vorfall in eurer Vergangenheit - in eurem jetzigen oder einem vorhergehenden Leben - oder Situationen, die euch nahestehende Menschen durchlebt haben. Nicht selten sind es Ängste, die ihr von euren Eltern übernommen habt. Gebt sie ihnen zurück! Das dürft ihr! Und schickt all den traumatischen Situationen, die ihr durchlebt habt, und in denen eine Angst entstanden oder verstärkt wurde, eure Liebe und euer Licht! Unterschätzt diese Möglichkeit der Heilung nicht! Unterschätzt nicht die Macht der Liebe und des Lichts, die ihr zu einer Situation, zu einem Menschen oder euch selbst schickt. Egal, ob dies in Worten, Gedanken oder Bildern getan wird. Eure wohlwollende Absicht, Liebe und Licht zu versenden, ist die „Initialzündung", durch die diese positive Energie zum vorgegebenen Ziel zum Fließen kommt. Macht euch auch bewusst, dass ihr mächtiger seid, als es euch bewusst ist und ihr niemals so ohnmächtig sein könnt, wie ihr es manchmal fühlt oder denkt.

Ein großes Hindernis in der Erlösung einer schmerzvollen Situation, die Auslöser einer Angst ist, liegt im Menschen selber, der meist unbewusst daran festhält. Er gerät sehr leicht in eine Art Lethargie und Verantwortungslosigkeit mit der Forderung, dass das Leben ihm eine Wiedergutmachung schuldet. In dieser Opferrolle kann er über mehrere Leben verharren, wobei sich Enttäuschung und Frustration ansammeln, die ihn noch mehr in seine Lethargie stürzt. Ist er jedoch bereit, den ersten Schritt aus dieser Lethargie und seiner Opferrolle zu tun und die Verantwortung für sein Leben zu übernehmen, kommt er auch in seine natürliche Macht zurück, wodurch er sich selber erlösen und befreien kann. Das ist nicht immer leicht, und es bedarf einer gewissen Reife, aber es ist letztendlich der Weg und die große Herausforderung für fast alle Menschen. Und bedenkt, dass ihr immer die Hilfe aus der geistigen Welt habt. Ihr müsst nur den ersten Schritt tun und auch um Unterstützung bitten.

Je höher die Schwingung auf der Erde ist, je höher die Schwingung der Menschen ist, desto mehr können die lichtvollen Wesen wirken. Das heißt, dass es in eurer Zukunft immer leichter sein wird, in die

Erlösung zu kommen und damit in die eigene Freiheit.

Frage: Wie sollten wir mit unserem Ego umgehen?

Das Ego ist deshalb so starr, weil es von vielen Ängsten dominiert wird und es aufgrund mangelnder Liebe dem Menschen suggeriert, sich ständig verteidigen zu müssen. Ein Mensch, der weitestgehend in der Liebe ist, braucht sein Ego viel weniger. Es ist also sinnvoller, seine Selbstliebe zu stärken, als gegen sein Ego anzukämpfen.

Frage: Mir scheint, dass der Neid eine ziemlich starke Energie erzeugt, die meist nicht positiv ist. Ich würde das gerne besser verstehen.

Neidenergie kann nur dort fließen, wo es einen Sender und einen Empfänger gibt. Das heißt, dass ein Mensch nur dann negativ durch den Neid eines anderen Menschen beeinflusst werden kann, wenn er bewusst oder unbewusst mit Schuldgefühlen behaftet ist. Über Schuldgefühle haben wir bereits gesprochen. Sie spielen in eurem Leben eine größere

Rolle, als euch klar ist. Sie machen euch - wie eure Ängste - manipulierbar und hemmen euch in eurem Wachstum. Hat ein Mensch schon viele negative Erfahrungen mit dem Neid eines Anderen gemacht - sei es in diesem oder einem anderen Leben - so kommt noch eine Angst vor den Folgen des Neides hinzu.

Neid ist eine Emotion, die aus dem Glauben an Mangel entsteht. Letztlich aber geht es immer um das Gefühl, nicht genug geliebt zu werden - sei es von den Eltern oder vom Leben schlechthin. Neid entsteht also aus einer gefühlten Konkurrenz um Liebe. Je weniger sich ein Mensch geliebt fühlt, desto stärker wird auch sein Neid gegenüber Menschen sein, die etwas haben oder bekommen, was er selber gerne hätte. Und da Neid eine sehr starke Emotion sein kann, werden hier auch entsprechende Energien erzeugt.

Neid steht in enger Verbindung mit dem Gerechtigkeitsgefühl. Ein neidischer Mensch klagt oft das Leben oder Gott an, ihm gegenüber nicht gerecht zu sein. Dies ist ein wichtiger Zusammenhang, denn auch der beneidete Mensch reagiert mit seinem Gerechtigkeitssinn. Dieser wird in bestimmten Fällen auch das Gefühl haben, dass hier eine Ungerechtigkeit vorliegt, weil er etwas hat, was der andere nicht hat. Dadurch wird er automatisch ein Schuldgefühl entwickeln. Eine auf diese Weise bewusst oder unbewusst wahrgenommene Ungerechtigkeit bezieht sich allerdings nur auf einen Moment, denn das Leben basiert grundsätzlich auf Gerechtigkeit im Sinne von Ausgleich.

Da jedoch das Prinzip des Ausgleichs, was ihr auch als Karma bezeichnet, nur über den gesamten Inkarnationszyklus zu erkennen ist, sollten sich die Menschen, die mit Neid zu tun haben - beiderseits - dieser Wahrheit bewusst werden. Es gibt im Grunde genommen keinen Grund, sich für etwas schuldig zu fühlen, was man vom Leben geschenkt bekommt. Meist haben jedoch die Empfänger von Neidenergien selber ein Mangelthema, das es zu erlösen gilt. Dankbarkeit für alles, was man hat, auch für die kleinsten Dinge, heilt Mangelthemen und damit auch den Neid und die entsprechenden Schuldgefühle. Dankbarkeit und der ehrliche Wunsch, dass auch die anderen Menschen - auch die Neider - die Fülle des Lebens erfahren mögen, mit dem Bewusstsein, dass es genug für *alle* gibt.

sen daher, wie sie uns helfen können. Zwischen den einzelnen Rassen gibt es große Unterschiede, was die äußere Gestalt als auch deren Wesenszüge betrifft. Allerdings haben sie eines gemeinsam: Ihre Schwingung ist bereits so hoch, dass durch sie ein erhöhtes Maß an Liebesenergie fließt. Wenn ihr sie wahrnehmt, werdet ihr dies als erstes fühlen.

Je höher eure Schwingung steigt, desto mehr werdet ihr in der Lage sein, die „Außerirdischen" zu sehen. Und ihr werdet mit einigen von ihnen eine sehr starke Vertrautheit spüren, so, als würdet ihr nach einer sehr langen Reise zu eurer Familie zurückkehren. Sie warten nur darauf und hoffen, dass dies bald geschieht, denn sie freuen sich, euch sozusagen wieder in ihre Arme schließen zu können.

Diese Vertrautheit hat folgende Gründe: Zum Einen tragt ihr die Gene von einigen dieser Rassen in euch. Das ganze Potenzial dieser Gene wird mit eurem Erwachen immer mehr aktiviert werden. Zum Anderen habt ihr bereits sehr viele Leben auf anderen Planeten verbracht, bevor ihr euren menschlichen Inkarnationszyklus auf der Erde begonnen habt. Vergesst nicht: Eure Seele ist zeitlos! Wenn ihr möchtet, werdet ihr euch an diese außerirdische Leben erinnern können, was eine Bereicherung für euer jetziges Leben sein wird. Relativ gesehen sind diese Leben, die ihr auf anderen Planeten verbracht habt, gar nicht so lange her.

Eure Seele ist intergalaktisch und macht zurzeit Erfahrungen als Mensch. Und ihr habt euch entschlossen, jetzt auf der Erde inkarniert zu sein, um bei der Befreiung der Menschen dabei zu sein und mitzuhelfen!

Zeit und Mangel

Frage: Sananda, würdest du bitte etwas über Zeit sagen?

Versteht, dass Zeit ein Hilfsmittel ist. Ich möchte euch ein Bild geben: Ihr habt viele Dominosteine. Jeder Stein repräsentiert ein Leben. Nun geht jemand hin - in diesem Fall das Leben selbst - und baut sie zu einer Schlange auf, so wie ihr das aus dem Spiel kennt, bei dem ein Stein angetippt wird und dieser dann die folgenden umwirft. Diese Dominoschlange ist die Zeitlinie, in der ihr euch auf der Erde befindet. Sie ist ein Konstrukt des Lebens.

Ihr identifiziert euch so sehr mit diesen Dominosteinen. Ihr steht mitten in dieser Schlange, seht hinter euch die bereits umgefallenen Steine und vor euch die noch stehenden Steine. Ihr könntet euch ein Leben ohne diese Zeit-Schlange gar nicht vorstellen. In diesem Sinne seid ihr Gefangene der Zeit. Sie schränkt euren Geist ein. In dem Moment, in dem ihr eine Bewusstseinserweiterung habt - wie ihr sie manchmal in einer Meditation habt - tretet ihr aus dieser Zeitlinie und damit eurem Zeitgefängnis aus. Ihr fühlt dann tatsächlich eine große Befreiung und gleichzeitig einen großen Frieden in euch. Die Spannung und der Stress fallen weg. Alle Muster, jeder Ballast aus der Vergangenheit und auch die Angst vor einer ungewissen Zukunft fallen von euch ab – auch wenn es nur für eine kurze Zeit ist. In einem solchen Moment seid ihr einfach nur ein Dominostein. Und als Dominostein bemerkt ihr, dass ihr vollkommen seid, dass ihr immer schon vollkommen wart und immer vollkommen sein werdet. Ihr erkennt während einer solchen Bewusstseinserweiterung zudem, dass ihr so seid, wie ihr seid, um bestimmte Erfahrungen zu machen. Es ist also *notwendig,* sich unvollkommen zu fühlen, um euch selber zu erkennen. Die Wahrheit des großen Ganzen ist, dass diese Zeitlinie nur ein kleiner Teil der Unendlichkeit ist, in der ihr euch zu jeder Zeit befindet.

Ihr könntet diese Zeitlinie, diese Dominoschlange, auch als Bühne des Lebens sehen. Bewegt euch einen Moment aus diesem Theater und alles, was euch belastet, euch einengt und euch im Kopf ständig beschäftigt, fällt weg, weil es nicht mehr wichtig ist. Auch diese gefühlte Einengung wird in Zukunft vergehen. Ihr brecht aus der Enge der Zeitlinie aus. Ihr erkennt sie immer mehr als nützliche Sache, die aber nicht der Ganzheit des Lebens entspricht. Ihr könnt dies verstärken, in dem ihr öfter ganz bewusst aus der Zeitlinie austretet – aus der Dominoschlange, aus dem Theater des Lebens. Spürt eure Unendlichkeit und die damit verbundene grenzenlose Freiheit! Spürt euch selbst, und ihr spürt Gott in euch!

So lange wart ihr Sklave der Zeit. Und es scheint, als würde die Zeit immer schneller vergehen und sie euch immer mehr gefangen nehmen. Viele von euch haben ständig das Gefühl, etwas tun zu müssen, und die Angst, einen Zeitpunkt zu verpassen, um etwas Wichtiges zu erledigen. Auch dies ist ein Element der Matrix, wodurch ihr von eurem wahren Sein abgelenkt werdet.

Frage: In wie weit wird sich die Wahrnehmung der Zeit in der Zukunft ändern?

Da ihr immer mehr aus eurer dreidimensionalen Box herauskommt und die fünfte Dimension in euer gesamtes Sein integriert, wird das Element „Zeit" euch immer weniger in eurer Freiheit einengen. Es wird immer mehr zu einem Hilfsmittel statt einer Doktrin werden. Ihr *löst* euch sozusagen von dem Konzept „Zeit". Mit etwas Übung werdet ihr sogar in der Lage sein, für euch selbst die Zeit zu raffen oder zu dehnen. Das ist momentan für euch schwer vorstellbar, aber es wird zur Gewohnheit werden. Zeit ist relativ. Ihr könnt jetzt schon mit eurem Bewusstsein in eure Vergangenheit oder eure Zukunft reisen und Einfluss nehmen. Das geht leichter, als ihr denkt. Und je mehr ihr dies tut, desto mehr werdet ihr erkennen, wie groß eure Macht über eure Zeit ist. Auch hier spielen eure Gedanken und eure Glaubensmuster eine große Rolle.

Einige Menschen können in die Zukunft schauen, auch wenn sie dafür Hilfsmittel benutzen. Es ist nur ein weiterer Schritt, zu erkennen, dass ihr die Zukunft auch beeinflussen könnt. Sie ist niemals festgeschrieben. Ihr werdet in der Lage sein, in eure Zukunft zu schauen und wenn euch etwas nicht gefällt, im gegenwärtigen Moment Weichen zu stellen, neue Entscheidungen zu fällen oder Sonstiges zu tun, um eure Zukunft schöner zu gestalten. Wie bereits gesagt, seid ihr schon jetzt dazu in der Lage, und ihr werdet in der Zukunft ganz selbstverständlich mit dieser Fähigkeit umgehen. Ihr erkennt immer mehr, dass ihr Schöpfer eures Lebens und eurer Lebensumstände seid. Und, dass ihr nicht mehr Opfer, sondern Nutzer der Zeit seid.

Frage: Lieber Sananda, ein relativ achtsamer Mensch ist sich mehr oder weniger seiner Themen bewusst und versucht beständig, diese wunden Stellen zu heilen. Das führt allerdings oft dazu, dass er das Gefühl hat, es wäre so unendlich viel zu tun. Man möchte ja die Chancen, die sich einem bieten, nicht verpassen und so gut wie möglich nutzen. Das bringt viele Menschen in Stress.

Vergesst nicht, dass das Leben euch immer wieder Gelegenheit zur Heilung gibt. Stellt euch euren Lebensweg als mehrdimensionale Spirale vor. Ihr steigt an dieser Spirale immer weiter hoch. Und wenn eine Chance ungenutzt vergeht, kommt zu einem späteren Zeitpunkt eine weitere Gelegenheit. Ihr verändert euch stetig, sogar innerhalb einer Stunde. Aber die Themen, die ihr euch als Knoten auf der Spirale vorstellen könnt, bleiben die gleichen, solange man sie ignoriert und wegdrückt. Die „wunden Stellen“ bleiben also offen. Doch ihr kommt auf eurem Weg entlang der Spirale auf einer höheren Ebene wieder an den alten Knoten heran, allerdings als veränderter Mensch.

Das ist auch die Erklärung dafür, dass ihr euch, obwohl ihr euch die meiste Zeit sehr selbstsicher fühlt, manchmal - vielleicht in Gegenwart eines bestimmten Menschen –wie ein gehemmtes Kind vorkommt. Und ihr fragt euch: „Wie kann das sein, wo ich doch sonst so selbstbewusst bin?“ Ihr seid in diesem Moment wieder mit einem eurer Themen konfrontiert.

Frage: Wie lassen sich solche Knoten am effektivsten lösen?

Der erste Schritt ist, sie nicht mehr zu ignorieren, sondern sie anzusehen. Stellt euch einen Moment vor, in dem es euch wirklich gut geht. Ihr seid fröhlich, das Wetter ist herrlich, die Vögel singen, und ihr fühlt euch in der Liebe. Euer Herz ist weit offen. Ihr geht vielleicht durch einen wunderschönen Park mit Blumen, Bäumen und Schmetterlingen. Und ihr seht ein kleines Kind auf einer Wiese, das ganz alleine ist, weint und sich zusammenkauert. Würdet ihr einfach an diesem Kind vorbeigehen? Würdet ihr es in diesem Moment ignorieren, in dem euer Herz so weit offen ist und ihr euch so gut fühlt? Die meisten Menschen würden das nicht tun. Sie würden hingehen, das Kind trösten und fragen, warum es denn so weint. Ihr würdet ihm sagen, dass alles gut ist, dass es nicht allein ist und dass ihr ihm helfen werdet. Das Kind ist dieser Knoten.

Schaut das Kind in diesem Knoten innerhalb von euch an. Fühlt Barmherzigkeit und Güte und Liebe. Fragt das Kind, warum es traurig ist, und wenn es zornig ist, warum es zornig ist. Was immer das Kind braucht, gebt es ihm! Und es wird nicht lange dauern, bis das Kind zu weinen aufhört und euch anschaut. Ganz erleichtert, weil es da einen Menschen gibt, der ihm seine Aufmerksamkeit schenkt; weil es nun nicht mehr allein ist und sich geliebt fühlt. Dann wird das Kind aufstehen, euch anlächeln und wieder herumtollen.

Seid euch selbst gegenüber aufmerksamer! Schaut immer wieder nach innen! Und wenn ihr einen Knoten seht, dann kümmert euch um das Kind in diesem Knoten!

Frage: Ich treibe es mal auf die Spitze und frage, was ein Mensch machen soll, der Kinder nicht mag?

Dann gäbe es die Möglichkeit, sich ein junges Tier vorzustellen. Du gehst also durch diesen wunderschönen Park, dir geht es sehr gut, dein Herz ist weit offen, und dann siehst du ein kleines Kätzchen oder ein kleines Hündchen, das wimmert. Es ist verletzt oder auch völlig ausgehungert. Würdet ihr das Tier so daliegen lassen oder würdet ihr hingehen, es mitnehmen und euch darum kümmern?

Jeder Mensch würde dies tun, sofern er nicht in sich selbst einen starken Mangel verspürt und das Gefühl hat, das Leben wäre ihm etwas schuldig. Ein Mensch, der so fühlt oder denkt, wird höchstwahrscheinlich an dem Kind oder dem Tier vorbeigehen. Er würde noch nicht mal hinschauen wollen. Leider haben zurzeit noch recht viele Menschen ein Thema mit Mangel.

Frage: Warum haben denn so viele Menschen mit Mangel zu tun?

Auch Mangel ist eine wichtige Erfahrung. Ihr erfahrt, wie es ist, eine Mangelsituation zu erleben – einen Mangel an Liebe, Aufmerksamkeit, Geld, Lebensmitteln. Wie ist es denn, arm zu sein, Hunger zu leiden, sich nicht geliebt zu fühlen? Es ist eine menschliche Erfahrung, die *jeder* macht. Aber es ist auch eine Erfahrung, die in ihrer bisherigen Ausprägung und ihrem Facettenreichtum beendet werden kann, da ihr sie in all euren Leben zur Genüge durchlebt habt.

Macht euch klar, dass ein Mangelthema meist darauf zurückzuführen ist, dass ihr das Gefühl habt, nicht genug geliebt zu werden. Auch eine Geldknappheit basiert meist darauf, dass ihr euch nicht genügend geliebt fühlt. Es ist also in erster Linie ein gefühlter Liebesmangel, der hinter vielen Mangelsituationen steckt.

Es gibt aber auch Ausnahmen: Ein Kind, das Armut erfährt - also in armen Verhältnissen aufwächst - und gleichzeitig viel Liebe von seinen Eltern bekommt, wird die äußere Armut nicht unbedingt als bedrohlich empfinden. Es könnte seine Kindheit sogar als glücklich erfahren. Das Kind könnte darüber hinaus den Mangel an Nahrung und Spielzeug mit der Liebe seiner Eltern in Verbindung bringen und später in seinem Leben Reichtum ablehnen, weil es Angst hat, dann nicht mehr so viel Liebe zu erhalten.

Das, was Mangel wirklich so bedrohlich macht, ist die Angst vor Mangel - zum Beispiel die Angst davor, den Partner zu verlieren und dann nicht mehr genügend Liebe zu erfahren, oder die Angst, finanziell arm zu werden.

Kümmert euch um eure Ängste! Dann werden auch die Mangelsituationen nicht mehr so schwerwiegend sein. Und freut euch auf eine Zukunft, in der die Liebe regiert. In der die Reichen ihr Geld immer mehr mit anderen Menschen teilen werden, weil es sich einfach gut und richtig anfühlt, Menschen zu helfen, denen es weniger gut geht – vor allem denjenigen, die Hunger leiden. Dies wird kommen und zur Normalität werden, so dass die Menschen die Gewissheit haben werden: „Egal was mir passiert: Ich weiß, dass ich nicht verloren gehe, weil die Gemeinschaft mich in der Not auffangen wird."

Bis heute waren die Chancen, solche Mangelerfahrungen zu machen, sehr groß. Doch wird die Liebesenergie auf der Erde immer stärker zu fließen beginnen, so dass die Menschen die Liebe mehr und mehr spüren werden. Allein dadurch werden Mangelsituationen seltener werden.

Ein Mensch, der diese Erfahrung für sein Wachstum wählt, sollte dennoch in seiner Wahl respektiert werden. Schon gar nicht sollte man aus selbstsüchtigen Beweggründen einem Menschen helfen, aus dem Mangel herauszukommen. Hilfe sollte nur dann angeboten werden, wenn man spürt, dass es richtig und angemessen ist, und sie dem höchsten Wohl beider Seiten dient. Respektiert die Wahl anderer Menschen, aber seid auch immer bereit, eure Hände auszustrecken, um zu helfen. Und seid nicht enttäuscht oder sogar beleidigt, wenn sie eure helfende Hand nicht ergreifen.

Dualität und fünfte Dimension

Frage: Lieber Sananda, wird es die Dualität auch in Zukunft geben?

Die Dualität ist etwas Elementares in den Welten der unteren Dimensionen. Je höher die Dimension, desto weniger ausgeprägt ist sie. Die Dualität ist nötig, um den inkarnierten Wesen ein weites Erfahrungsfeld zu bieten. Sie ist vergleichbar mit einem Kolbenzylinder im Motor eines Fahrzeugs, der das Auto zum Fahren bringt. In diesem Zylinder gibt es ebenfalls eine Dualität - ein Oben und Unten. Der Kolben gleitet darin von einem Pol zum anderen, wobei Energie erzeugt wird und eine Dynamik entsteht.

Ja, auch in der Zukunft wird es auf der Erde Dualität geben, aber sie wird sich auf einer höheren Ebene befinden, und sie wird weniger durch Wesenheiten manipuliert werden können, die der Dunkelheit dienen. Diese dunklen Wesen haben den negativen Pol der Dualität erweitert und verstehen es, den Menschen in diese Richtung zu ziehen. Wenn diese Wesen die Erde verlassen haben, wird die Dualität ausgeglichener sein und der negative Pol schlichtweg nicht mehr so negativ sein, wie ihr es in der Vergangenheit erlebt habt.

Ich möchte aber nochmals daran erinnern, dass ihr, bevor ihr euch auf der Erde inkarniert habt, euch bewusst auf diese „extreme“ Dualität eingelassen habt, weil diese Situation jeder einzelnen Seele ermöglicht, enorme Wachstumsschritte zu machen. Der Mensch ist und bleibt ein duales Wesen - ein Wesen, das sich in einem dualen Feld befindet, das sich ständig zwischen den Polen hin und her bewegt, wodurch eine Dynamik erzeugt wird, eine Lebendigkeit, durch die es seine Essenz erkunden und leben kann.

Ein Mensch, der sich ständig dagegen wehrt, sich seines eigenen negativen Pols bewusst zu werden und der damit vermeidet, dass dieser Anteil in ihm zum Ausdruck kommt, verliert letztendlich auch seine Beweglichkeit und Lebendigkeit. Das Leben selbst beziehungsweise seine geistigen Unterstützer werden ihm in diesem Falle dabei helfen, wieder in diese Dynamik der Dualität zu kommen. Dies können Situationen sein, die ihn aufrütteln, die oftmals auch schmerzvoll sind, oder physische Erscheinungen, die ihn dazu bewegen, in sich zu gehen und sich seine Schattenanteile anzusehen. Im Falle von lang unterdrückten Aggressionen etwa können es Situationen sein, in denen der Mensch auf das Äußerste provoziert wird.

Daher mein Aufruf: Lasst beide Pole zu! Lasst die Dualität in euch zu! Lebt sie ganz bewusst! Und vielleicht betrachtet ihr die jetzige Zeit um das Jahr 2018 als Chance hier auf der Erde, dieses Extrem an Dunkelheit zu erfahren und alles, was es mit sich bringt und ermöglicht. Denn in Zukunft werden diese extremen Erfahrungsmöglichkeiten der „Lieblosigkeit" und des Schmerzes und damit einhergehend auch dieses enorme Wachstumspotenzial immer weniger gegeben sein.

Frage: Was können wir uns unter der fünften Dimension vorstellen? Wie ist es, in der fünften Dimension zu sein?

Zunächst wird es wie eine große Befreiung sein – als würdet ihr aus einer dreidimensionalen Schachtel herauskommen. Ihr werdet euch nicht mehr so isoliert fühlen, da ihr die Anwesenheit von vielen liebevollen Wesen wahrnehmen und spüren könnt. Und ihr werdet euch erinnern, wer ihr wirklich seid. Ihr werdet euch immer mehr an andere Leben erinnern und an eure Herkunft, und auch im Allgemeinen leichteren Zugriff zu Wissen haben. Die fünfte Dimension ist eine lichtvollere Dimension, weil hier eine höhere Schwingung herrscht. Und sie ist energetisch weniger dicht.

Es wird zunächst vielen Menschen schwer fallen, die fünfte Dimension in ihrem Leben zu integrieren, sich also bewusst aus dieser 3-D-Schachtel herauszuwagen. In erster Linie geht es hier um die Ungewissheit, die Angst macht, und letztendlich auch die Fragen: „Was habe ich denn für einen Nutzen von der fünften Dimension? Welche Freuden erwarten mich dort?" Und tatsächlich ist es so, dass ein Mensch, der sich bewusst in die fünfte Dimension hineinbegibt - die natürlich alle vier anderen Dimensionen beinhaltet - viele Freuden der dreidimensionalen Welt verliert. So wird zum Beispiel die Freude am Konsum geringer werden. Die Befriedigung durch das, was ihr „Shoppen" nennt, wird nicht mehr dieselbe sein. Vieles, was ihr nur gegen Geld erhaltet, wird weniger Freude machen. Es gilt, dies loszulassen.

Die Freuden der fünften Dimension sind dauerhafter und intensiver. Um diese Freuden zu empfangen, bedarf es allerdings eines offenen Herzens. Und um ein offenes Herz zu haben, bedarf es seiner Befreiung von altem Schmerz, durch den sich das Herz über viele Leben lang immer mehr verschlossen hat. Die Zeit, in der ihr euch gerade befindet, zeichnet sich dadurch aus, dass in allen Menschen eine große „Reinigung" vonstattengeht. Alte Schmerzen tauchen wieder auf, um gefühlt und wahrgenommen zu werden, damit sie schließlich auch geheilt werden können. Bedenkt, dass schmerzvolle Geschehnisse Strukturen nach sich ziehen, die euer Leben stark bestimmen. Aus einer schmerzvollen Erfahrung heraus werden Entscheidungen gefällt, durch die Glaubensmuster, Glaubenssätze und Programmierungen entstehen. Andere Muster wurden von Eltern und anderen Vorbildern übernommen. Diese Glaubensstrukturen sind allerdings leichter zu löschen als diejenigen, hinter denen ein selbst erfahrener Schmerz steckt.

Verborgener Schmerz ist die Ursache für viel Leid und muss daher transformiert werden, bevor der Mensch wirklich frei sein und die Vorzüge einer fünfdimensionalen Welt genießen und nutzen kann. Da allerdings schmerzvolle Erfahrungen häufig zum Glauben führen, ein Opfer und in irgendeiner Weise minderwertiger oder schwächer zu sein, werden die Schmerzen meist im Verborgenen gehalten.

In der fünften Dimension erkennt ihr die Energieflüsse. Ihr wisst dann, dass alles Energie ist und dass Energie fließen möchte. Dadurch wird sich euer Bewusstsein verändern. Ihr werdet viel einfacher Krankheiten erkennen und andere Blockaden, die den Lebensfluss und eure Entfaltung stören.

Dieses Erkennen, dass alles Energie ist, die fließen möchte, wird euch viele andere Erkenntnisse bringen und euch generell in Staunen versetzen. Ihr werdet unter anderem herausfinden, wie sehr eure Gedanken euer Leben gestalten und auch das Leben auf der Erde im Allgemeinen, weil Gedanken die Energien lenken. Ihr werdet dadurch mehr und mehr Verantwortung übernehmen für das, was ihr sagt, was ihr denkt und was ihr tut, weil ihr direkt seht, was ihr damit bewirkt.

Ich möchte euch ein Beispiel geben: Stellt euch vor, wie es ist, die fließenden Energien zu sehen. Und nun sagt ihr einem anderen Menschen etwas Liebevolles und seht, wie die Energien eures Gegenübers zu vibrieren und zu leuchten beginnen. Allein das wird euch so viel Freude bereiten, dass ihr euren Mitmenschen gegenüber viel freundlicher sein werdet. Dagegen würdet ihr einen Schrecken bekommen, wenn ihr jemandem böse Worte sagt und sehen könntet, wie seine Energien sich verdunkeln und verlangsamen.

Natürlich werdet ihr dennoch auch weiterhin die freie Wahl haben, ob ihr wirklich alles wahrnehmen möchtet. Dies gilt auch für das Wahrnehmen anderer Wesen. Und hierbei meine ich auch eure außerirdischen Geschwister, die euch zur Seite stehen und euch helfen möchten, aus dem Dunklen und aus euren Schachteln herauszutreten. Auch dies wird für euch eine große Freude sein, denn viele von ihnen kennt ihr aus anderen Zeiten. Mit vielen seid ihr in Liebe verbunden und auf der Seelenebene verwandt. Ihr könnt sie als die größere Seelenfamilie bezeichnen.

Die fünfte Dimension zeichnet sich auch dadurch aus, dass ihr einen besseren Zugang zu Ideen habt – sei es auf kreativer oder wissenschaftlicher Ebene. Die Technologie wird schnell voranschreiten, und in der Kunst wird es noch mehr Lebendigkeit und Vielfalt geben.

Aber vor allem werdet ihr euch nicht mehr so getrennt fühlen, sondern verbunden mit anderen Wesen, anderen Bewusstseinsebenen und letztendlich auch mit Gott – der Urquelle der Liebe und allen Seins!

Engel und Seelenpläne

Frage: Würdest du bitte etwas über Engel sagen?

Die Engel sind Wesen voller Liebe und Licht. Man könnte sie als Botschafter und Handlanger Gottes bezeichnen, denn die Engel haben eine Mission, und diese entspringt dem Herzen Gottes. Ihre Aufgabe besteht darin, in der einen oder anderen Form den Wesen während ihrer Inkarnationen zu helfen. Sie dienen also Gott, und sie dienen den Menschen und anderen Wesen, die sich auf der Erde oder irgendeinem anderen Himmelskörper inkarniert haben.

Es ist ihr tiefster Wunsch, den Seelen in ihrem Inkarnationszyklus dabei zu helfen, Erfahrungen zu sammeln - auch Erfahrungen der Dunkelheit - ohne den Halt Gottes zu verlieren. Es ist ebenfalls ihr innigster Wunsch, das Licht und die Liebe Gottes überall dorthin zu bringen, wo Dunkelheit herrscht. Es gibt allerdings eine Beschränkung für sie - und das ist der freie Wille des Menschen. Dieser ist ein Fundament der Erderfahrung. Sie dürfen und können nicht dagegen verstoßen. Dies wäre ein Verstoß gegen Gott selbst, der sich schließlich durch jeden einzelnen Menschen selbst erfährt.

Ein Mensch muss also bereit sein, sich helfen zu lassen. Er muss sogar darum bitten. Selbst der Schutzengel eines Menschen darf nicht immer eingreifen – auch dann nicht, wenn sein Schutzbefohlener eine gefährliche Situation durchläuft, die Leid und Schmerz nach sich zieht. Ist dies für das Wachstum des Menschen wichtig, so wird ihn sein Schutzengel durch solch eine Situation unterstützend begleiten, ihn aber nicht von dieser Erfahrung abhalten. Das solltet ihr verstehen! Kommt ein Mensch unbeschadet aus einer gefährlichen Situation und meint, dass sein Schutzengel ihn vor Schlimmerem bewahrt hat, so sollte er wissen, dass auch dies von vornherein so geplant war.

Frage: Bedeutet dies, dass Engel eine Aufforderung benötigen, um überhaupt eingreifen und helfen zu dürfen? Sind deshalb Gebete sinnvoll?

Gebete sind sehr machtvoll, aus verschiedenen Gründen: Zunächst geht es darum, dass ein Mensch sich beim Beten darüber klar wird, was er will und was er nicht will. Alles, was in Unklarheit ist, hat wenig Energie. Ein Mensch, der ein Gebet formuliert, „verwortet" einen Gedanken beziehungsweise einen Wunsch. Dadurch entsteht ein Signal, das Energien zum Fließen bringt. Bittet man in seinem Gebet um die Hilfe der Engel oder anderer lichtvoller Wesenheiten, gibt man ihnen die Erlaubnis, wirken zu dürfen. Sie werden - und sie tun es mit Sicherheit - den Menschen in der Erfüllung seines Wunsches unterstützen, solange es seinem Seelenplan entspricht. Sollte der Wunsch seinem Seelenplan nicht entsprechen, wird er nicht in Erfüllung gehen oder nur für eine kurze Zeitspanne.

Es liegt also nicht an den Engeln, wenn ein Gebet scheinbar nicht erhört wird, sondern an den Vorgaben des Seelenplans.

Frage: Was beinhaltet ein Seelenplan?

Es gibt einen größeren und mehrere kleinere Seelenpläne. Der große Seelenplan ist von dem Entschluss der Seele geprägt, ob sie der Dunkelheit dienen will - also dem Existenzbereich, der aus der Abkehr von der göttlichen Quelle entstanden ist –

oder ob sie vorrangig Gott und damit dem Licht und der Liebe dienen möchte. Der kleinere Seelenplan, der nur einen Inkarnationszyklus umfasst, beinhaltet vor allem solche Dinge wie den Wunsch, Menschen zu dienen, für Gerechtigkeit zu sorgen, sich der Wissenschaft oder der Kunst zu widmen etc.

Darüber hinaus gibt es Seelenpläne für die einzelnen Inkarnationen, die sich allen anderen Seelenplänen unterordnen, aber detaillierter sind. In ihnen werden viele Faktoren wie Berufe, Partnerschaften, Familienverhältnisse und Talente festgelegt. Hierbei spielt auch das ausgleichende Karma eine Rolle. Vergesst aber nicht, dass jeder einzelne Seelenplan von der Seele selbst gemeinsam mit ihrer Seelenfamilie und auch mit den Engeln erstellt wird. Ihr seid also auf allen Ebenen selber der Architekt eures Lebens und damit selber verantwortlich für euer Leben. Das solltet ihr verstehen!

Das große Ziel eines Lebensplanes ist die Entfaltung, das Ausleben der Potenziale und das Sich-Ausdrücken. Überall, wo ihr etwas unterdrückt, was ausgedrückt und gelebt werden möchte, entsteht eine Energieblockade, die euch schwächt. Spätestens wenn ihr einen starken inneren Drang verspürt, etwas zu tun, solltet ihr diesem Ruf folgen; es sei denn, er entspringt dunklen Beweggründen. Alles Andere ist Widerstand gegen das Leben selbst. Da es meistens Ängste sind, die euch daran hindern, euren Seelenplan zu erfüllen und eure Potenziale zu leben, ist es wichtig, euren Ängsten ganz bewusst zu begegnen. Erkennt und versteht sie, erlaubt ihnen jedoch nicht, euren Lebensweg maßgeblich zu beeinflussen. Ich weiß, dass dies nicht immer leicht ist, aber auch hier könnt ihr die Engel um Hilfe bitten.

Frage: Kann ein Mensch, der sich innerhalb seines Seelenplanes der Dunkelheit verschrieben hat, seine Entscheidung widerrufen und fortan dem Licht dienen?

Es gehört sehr viel Mut und auch sehr viel Kraft dazu, aus einem vorgegebenen Seelenplan-Muster auszubrechen, und nur in den seltensten Fällen würde der Mensch überhaupt auf die Idee kommen, dies zu tun. Aber es ist möglich! Und eine helfende Hand aus den höheren Sphären – auch meine Hand – wird es immer geben, die einen Menschen dabei unterstützt, all die für die Neuwahl notwendigen Umwälzungen und Transformationen durchzumachen.

Ihr denkt sehr gern in Kategorien. Aber es gibt immer Ausnahmen, Sonderfälle, die beweisen, dass nicht alles festgeschrieben ist. Das Leben ist immer für eine Überraschung gut, und wir, die euch von einer höher schwingenden Ebene zuschauen und helfen, freuen uns über diese Sonderfälle. Wir freuen uns über diejenigen, die gegen ihren persönlichen Strom schwimmen, wenn es zu ihrem Wohl ist. Und über diejenigen, die ihre innere Stimme wahrnehmen und ihr die Wichtigkeit beimessen, die sie verdient; denn diese innere Stimme ist die Stimme der Menschenseele und derjenigen, die mit der Seele des Menschen liebevoll und unterstützend zusammenarbeiten.

Denkt also niemals, dass ihr nicht aus einer Struktur ausbrechen könnt, die sich für euch nicht mehr richtig anfühlt. Diese Schritte aus alten, überholten Mustern sind die größten Wachstumsschritte, die ein Mensch tun kann. Sie sind oftmals mit dem sogenannten „Erwachen“ gleichzusetzen.

Frage: Und können sich Seelen, die sich grundsätzlich dem Licht und der Liebe verschrieben haben, innerhalb einer oder mehrerer Inkarnationen entscheiden, kurzfris-

tig auch mal der Dunkelheit zu dienen - einfach um entsprechende Erfahrungen zu machen?

Die Erfahrung der Dunkelheit ist ein wesentlicher Bestandteil im Leben eines jeden Menschen. Das Dunkle gehört zum Leben schlichtweg dazu. Aber jede Begegnung mit dem Dunklen verstärkt letztendlich das Licht. Es gibt allerdings auch - und das ist gar nicht selten - Leben, in denen der Mensch sich ganz bewusst dem Dunklen verschreibt. Hier geht es insbesondere um Erfahrungen der Macht - in diesem Fall der dunklen Macht. Dies ist angemessen.

Verschreibt sich ein Mensch innerhalb eines Lebens der Dunkelheit, geht er einen Vertrag ein, der oftmals über mehrere Leben hält und der ihn anfällig für dunkle Wesen oder dunkle Energien macht. Wenn er sich nun ganz bewusst für das Licht entscheidet, ist es ratsam, alle alten Bündnisse mit der Dunkelheit aufzukündigen und für nichtig zu erklären. Dies sind Altlasten, die euch in eurer Zukunft nicht mehr dienlich sein werden, denn: Je höher die Schwingung der Erde und der auf ihr lebenden Menschen ist, desto weniger Macht besitzen die dunklen Kräfte.

Kommt ein Mensch erst in den Genuss der Macht göttlicher Liebe, welche die stärkste im ganzen Universum ist, wird er sich dem Licht verschreiben. Jene Wesen, die sich in ihrem übergreifenden, großen Seelenplan der Dunkelheit verschrieben haben, werden in der Zukunft die Erde eher meiden.

Natur, Tiere und Mischwesen

Frage: Man kann beobachten, dass seit einigen Jahren die Natur für die Menschen der industriellen Welt eine immer wichtigere Rolle spielt, was sehr schön ist. Welche Bedeutung hat die Natur für den Menschen?

In der Natur - sofern sie nicht stark zerstört ist - fließen sehr viele lichtvolle Energien. Wenn ihr sie sehen könntet, wäret ihr völlig verzaubert. Diese Energien verbinden alles miteinander und treiben das Wachstum der Pflanzen an. Hinzu kommen all die Naturwesen und Naturengel, die hier ihre Arbeit tun, aber auch ihren Spaß haben.

In der Natur gibt es eine immense Lebendigkeit und eine Vielfalt an Lebensessenzen. Diese Essenzen zeigen sich auch als Heilkräfte, die immerzu fließen. Begibt sich ein Mensch in die Natur, nimmt sein Energiesystem und auch sein physischer Körper all diese positiven, licht- und liebevollen Energien instinktiv in sich auf. Dazu bedarf es allerdings einer gewissen Offenheit. Ein Mensch, der von einer dunklen Gedankenwolke umhüllt ist und sich nur mit Sorgen, Ärgernissen und Ängsten beschäftigt, während er in der Natur ist, verschließt sich zu einem gewissen Grad diesen heilsamen Energien. Daher ist mein Rat: Geht mit einem offenen Herzen und einem offenen Geist in die Natur, und das so oft wie möglich!

Auch wenn ihr diese wunderbaren Energien und Naturwesen nicht sehen könnt: Seid euch ihrer bewusst! Vielleicht stellt ihr sie euch auch einfach vor, weil ihr euch dadurch für sie öffnet und mit ihnen verbindet. Fühlt euch als Teil dieser lebendigen Natur und als Freund der Naturwesen! Spürt die Einheit mit Mutter Erde und allem, was zu ihr gehört! Die positiven, heilenden Kräfte wirken nicht nur auf den physischen Körper, sondern auch auf eure Psyche. Lasst euch von der Freude am Leben anstecken! Lasst euch von der Liebe von Mutter Erde, der Natur, ja selbst der Naturwesen zu euch einhüllen!

Wenn ihr in der Natur seid, kommunizieren eure Zellen mit den Energien der Natur. Hier wirkt die „subtile Kommunikation", falls ihr offen dafür seid. Viele Menschen meinen, dass Mutter Erde mit ihnen böse ist, weil die Menschheit so viel Natur zerstört, aber das ist nicht die Wahrheit! Auch hier wird bedingungslos geliebt und Liebe verströmt.

Und denkt nicht, dass Naturkatastrophen Racheakte von Mutter Erde sind. Naturkatastrophen geschehen, um ein Ungleichgewicht wieder ins Lot zu bringen. Dies ist ein sehr natürlicher und automatischer Vorgang. Mutter Erde arbeitet niemals gegen die Menschheit und schon gar nicht gegen einen Menschen im Speziellen. Das gibt es nicht. In der Natur ist so viel göttliche Liebe, die Freude am Erschaffen hat. Wenn ihr euer Herz öffnet, könnt ihr es fühlen. Geht so oft wie möglich in die Natur! Und vielleicht sucht ihr euch einen Baum, mit dem ihr euch befreunden könnt! Er wird sich auf jeden Fall sehr darüber freuen und den Austausch mit euch schätzen, wie auch immer diese Kommunikation gestaltet sein mag.

Frage: Ich habe in der Kommunikation mit Tieren bemerkt, dass man sich mit einigen Tierindividuen besser unterhalten kann als mit anderen der gleichen Tierart. Wie kommt das?

Die Tiere machen wie ihr Menschen eine spirituelle Entwicklung durch. Nichts im Universum ist von der spirituellen Evolution ausgeschlossen. Also gibt es auch bei Tieren junge und ältere Seelen, die sich durch verschiedene Bewusstseinsgrade unterscheiden. Eine junge Pferdeseele zum Beispiel wird ein nicht so ausgeprägtes Bewusstsein haben wie eine ältere Pferdeseele. Dadurch ist die Kommunikation mit einer jungen Pferdeseele etwas schwieriger als mit einer reiferen. Du wirst die jüngere Tierseele als etwas dumpf wahrnehmen. Mit einem Kind wirst du auch nicht über größere Zusammenhänge sprechen wie mit einem Erwachsenen. Hier liegt also keine Bewertung zugrunde.

Frage: Was macht ein ausgeprägtes Bewusstsein genau aus?

Ein Wesen mit einem ausgeprägten Bewusstsein – also ein Wesen, das spirituell sehr weit entwickelt ist – verfügt über einen umfassenden Erkenntnisstand. Dieses Wesen erkennt weitestgehend die Wahrheiten des Lebens. Ihr würdet dieses Wesen als weise bezeichnen, das nicht nur Wissen in sich trägt, sondern das Wissen in seiner Ganzheit erfasst. Dieses Wesen *fühlt* also die Wahrheit.

Frage: Gibt es Tierarten, die spirituell weiter entwickelt sind als andere?

Ja. Es sind hier auf der Erde insbesondere die Delfine, Wale, Pferde, Katzen und Hunde. Viele von ihnen stehen in enger Verbindung zu den Menschen. Dadurch können sie umfangreiche Erfahrungen sammeln, die ihrem spirituellen Wachstum dienlich sind. Und auch wenn diese Erfahrungen mit den Menschen nicht immer schön sind, sind sie dennoch wichtig für die Tiere. Dies sollte aber nicht falsch interpretiert werden. Ein Mensch, der ein Tier lieblos behandelt, verletzt nicht nur das Tier, sondern gleichermaßen sich selbst, weil er damit sein Herz noch mehr verschließt, wodurch der Liebesfluss noch mehr blockiert ist.

Frage: Kommt also auch ein höher entwickeltes Tier mit einem Seelenplan auf die Erde?

Ja, durchaus. Dieser Seelenplan mag rudimentärer ausgearbeitet sein als der des Menschen, aber dennoch ist es ein Seelenplan. Er gründet auf dem Wunsch der Tierseele, bestimmte Erfahrungen zu sammeln, um spirituell zu wachsen. Vergesst nie:

Alles ist Gott, Gott ist alles! Und Gott möchte sich auf die vielfältigste Weise und auf jede denkbare Art erfahren. Und so erfährt sich Gott auch, indem er als Gürteltier auf die Erde kommt und die Erfahrungen macht, die nur ein Gürteltier machen kann.

Wenn sich dieses Wissen in den Köpfen und Herzen der Menschen immer mehr verankert - und das wird es - werden sich die Menschen den Tieren gegenüber ganz von selbst anders verhalten. Sie werden ihnen mehr Respekt und sogar Liebe entgegenbringen. Auch dies ist Teil eurer Zukunft. Und ihr könnt diese Entwicklung bereits beobachten.

Frage: Kann sich die Seele eines Tieres auch als Mensch inkarnieren oder umgekehrt?

In der Regel sind dies separate Wege. Eine Tierseele wird ihre gesamte spirituelle Entwicklung bis zum Ende gehen und sich dann vielleicht entscheiden, als ein anderes Tier hier auf der Erde oder auf einem anderen Planeten zu inkarnieren - oder auch als Mensch. Dies steht ihr frei. In der Regel wird eine menschliche Seele sich nicht als Tier inkarnieren, es sei denn, diese Erfahrung wäre wichtig. Ausnahmen sind also möglich, aber selten.

Es gibt diesbezüglich universelle Gesetze. Ausnahmen müssen von einem Rat höherer Wesen „genehmigt“ werden. Und auch wenn dies eher die Ausnahme ist und einer Erlaubnis bedarf, so sind dennoch einige weitentwickelte Tierseelen als Menschen inkarniert. Ihr würdet sie als Mischwesen bezeichnen. Am häufigsten sind es Delfinseelen, die als Menschen inkarnieren und ihren eigenen Zyklus durchlaufen.

Frage: Gibt es noch andere Mischwesen?

Ja, zahlreiche. Es gibt unter anderem auch Mischwesen, die ursprünglich Naturwesen waren und in ihrer Essenz Naturwesen bleiben.

Frage: Könntest du uns noch etwas über die spirituellen Unterschiede zwischen den von dir genannten Tierarten erzählen?

Die Delfine und die Wale sind hochentwickelte und sehr intelligente Wesen. Sie haben einen anderen Ursprung als Pferde, Katzen und Hunde. Und sie haben auch eine andere Aufgabe im Universum. Bei ihnen steht das Dienen weniger im Vordergrund als bei anderen Tierarten, da sie sehr freiheitsliebend sind. Im Gegensatz zu den Delfinen sind die Wale jedoch nicht so sehr auf die Gemeinschaft angewiesen. Aus spiritueller Sicht gehören Delfine und Wale nicht zur übrigen Tierwelt, sondern bilden eine eigene Kategorie.

Die Liebeskapazität bei Delfinen und Walen ist sehr viel größer als bei anderen Tierarten. Das heißt, dass ihre Fähigkeit, Liebesenergie zu empfangen und auszustrahlen, sehr stark ausgeprägt ist. Das ist auch das, was ihr im Umgang mit Delfinen und Walen spüren könnt, wenn euer Herz zu einem gewissen Grad geöffnet ist. Dieses Vermögen macht Delfine zu so guten Therapeuten für Menschen, denn sie sind damit in der Lage, Blockaden aufzulösen, wodurch die Liebe wieder überall im menschlichen Körper frei fließen kann. Bei Pferden, Katzen und Hunden ist diese Liebeskapazität nicht so stark ausgeprägt.

Naturwesen und subtile Kommunikation

Frage: Würdest du bitte noch mehr über Naturwesen sagen?

Die Naturwesen sind eure Freunde! Das solltet ihr als Erstes wissen. Sie sind zahlreich und sie sind überall, aber sie befinden sich in einer anderen Dimension, die die meisten von euch zurzeit noch nicht wahrnehmen können. Ihr solltet verstehen, dass die Erde nicht den Menschen gehört. Sie gehört ausschließlich sich selber. Die Menschen sind nur Gäste auf Mutter Erde. Und sie sind nicht die Einzigen!

Die Naturwesen arbeiten mit Mutter Erde und ihren Energien zusammen. Sie kümmern sich um Wachstum und Gestaltung. Auch sie machen wie die Menschen und die Tiere eine spirituelle Entwicklung durch.

Es gibt so viele verschiedene Naturwesen. Ihr kennt vor allem die Elfen, Feen, Zwerge, Gnome, Faune und Devas aus dem Erdreich. Aber auch im Luft- und Wasserreich gibt es zahlreiche wundervolle Kreaturen. Ihr würdet staunen, wenn ihr sie alle sehen könntet. Sie scheuen jedoch die Menschen, weil deren Schwingung häufig sehr niedrig ist. Deshalb sind sie auch für Hellsichtige oft nicht zu sehen.

Naturwesen sind reine Lebendigkeit. Sie haben das, was viele Menschenkinder noch haben, bevor sie erwachsen werden - eine große Lebensfreude, viel Neugier und Offenheit. Auch sie können Traurigkeit empfinden und einige von ihnen auch Ärger. Aber diese Gefühle währen nicht lang, denn ihr Naturell ist nun mal diese lebendige Freude - die Freude am Sein und an allem Leben. Und in ihrer Welt ist *alles* lebendig, sogar Steine. Die Naturwesen kommunizieren ständig mit allem. Sie haben eine sehr subtile Art der Kommunikation.

Frage: Was meinst du mit subtiler Kommunikation?

Ich meine hier eine Form geistiger Kommunikation. Bei den Menschen läuft die subtile Kommunikation meist unbewusst ab. Ein Hauptteil dieser Kommunikation erfolgt über die Gedanken. Eure Gedanken senden beständig Informationen aus - und damit auch Energie.

Ihr habt die Macht der subtilen Kommunikation und auch der energetischen Informationsweitergabe noch nicht vollständig erkannt. Ihr kennt die energetische Informationsübertragung durch homöopathische Mittel, die dadurch ihre Wirksamkeit entfalten, dass sie eine bestimmte Information an einen Organismus weitergeben und diesem da Heilung bringen, wo vorher Disharmonie herrschte.

Jedes Wesen sendet beständig Informationen aus. Auch jede Pflanze tut das. Dies gehört zum Ausdruck einer Wesenheit. Ihr wisst zum Beispiel, dass auch Bäume eine Heilwirkung auf den Menschen haben und dass sich diese Heilwirkung bereits dann entfaltet, wenn der Mensch sich mit dem Baum verbindet oder sich einfach nur in dessen Nähe aufhält. Und so hat jeder Baum seinen bestimmten Ausdruck und seine bestimmte Botschaft, die er einem Menschen bereitwillig übermittelt. Auch Steine tun dies. Ihr kennt das von euren Heilsteinen. Sie heilen durch Aussendung von energetischen Informationen.

Das ganze Universum gründet auf der Interaktion zwischen Energie und Information. Auf diese Weise wurde die Welt erschaffen. Und so erschafft auch ein Mensch sich seine Welt, indem er ständig bestimmte Informationen und damit Energie aussendet. Wie bereits erwähnt, geschieht dies hauptsächlich durch Gedanken. Aber auch Programmierungen und Glaubensmuster spielen hier eine große Rolle. Habt ihr zum Beispiel den Glaubenssatz, ein Pechvogel zu sein, so sendet ihr das aus und erschafft eine Realität, in der ihr überwiegend Pech habt.

Die subtile Kommunikation kann aber auch gesteuert werden. Ihr kennt die Macht der Affirmationen - der positiven Suggestionen - die stark auf das Unterbewusstsein und das Energiesystem des Menschen einwirken und dadurch Veränderungen in dessen Leben bewirken. Ihr könnt aber auch ganz bewusst auf geistiger Ebene Informationen an die Außenwelt weitergeben - an andere Menschen und an jede andere Art von Wesen.

Die ganze Schöpfung beruht auf Liebe und dem Fluss von Liebesenergie. Man kann also sagen, dass die Welt ständig aus Informationen und Liebesenergien erschaffen wird, welche dem universellen Bewusstsein entspringen.

Um zu den Naturwesen zurückzukommen: Auch eine Pflanze benötigt Liebesenergie zum Wachsen. Sie wächst umso kräftiger, je mehr Liebesenergie sie bekommt. Die Naturwesen verknüpfen die Pflanzen durch ihre subtile Kommunikation mit dieser Liebesenergie. Man könnte sagen, die Naturwesen „sprechen den Pflanzen gut zu" und ermutigen sie zum Wachstum. Darüber hinaus helfen sie ihnen, wenn es Störungen im Energiefluss gibt. Aber auch die Pflanze selbst sendet ihre Botschaften und auch ihr Erfahrungswissen aus, was die Naturwesen für ihr spirituelles Wachstum nutzen.

Macht euch klar, dass überall Bewusstsein ist. Bewusstsein benötigt keine Gehirnzellen. Diese sind letztendlich nur ein Hilfsmittel für das Bewusstsein. Eine Pflanze hat also ebenso ein Bewusstsein ihrer selbst, macht ebenfalls Erfahrungen und gibt dieses Wissen, das sie aus ihren Erfahrungen generiert, gerne weiter. Es gibt einen beständigen Dialog, einen beständigen Fluss an Informationen in beide

Richtungen zwischen Pflanzen und Naturwesen, zwischen Pflanzen und Menschen, sogar zwischen Steinen. Für die Menschen bedeutet dies, dass ihr auch das Wachstum einer Pflanze fördern könnt, indem ihr liebevoll mit ihr sprecht. Das haben bereits einige wissenschaftliche Studien belegt. Pflanzen können verstehen und empfinden! Ihr stärkt mit jedem liebevollen Zuspruch den Fluss an Liebesenergie und bringt damit eine Pflanze noch mehr zum Gedeihen.

Frage: Würde es ohne diese Naturwesen überhaupt Wachstum geben? Würden die Pflanzen auch ohne ihr Zutun gedeihen?

Nein! Selbst eure Zimmerpflanzen werden von diesen wunderbaren Wesen gehegt und gepflegt.

Geld

Frage: Geld spielt in unserem Leben eine ziemlich große Rolle. Würdest du uns bitte zu diesem Thema etwas sagen?

Als Erstes solltet ihr verstehen, dass auch Geld nichts anderes ist als gebündelte Energie. Geld ist weder gut noch schlecht. Ihre Energie ist zunächst nicht polarisiert und möchte wie jede andere Energie fließen. Ganz abgesehen davon, dass ihr mit Geld Dinge erwerben könnt, die ihr zum täglichen Leben braucht, ermöglicht das Geld, Dinge in Bewegung zu bringen. Viele Ideen könnte ein Mensch nicht umsetzen, wenn kein Geld zur Verfügung stünde. Das wisst ihr.

Ich gebe euch ein Beispiel: Ihr habt eine Idee und möchtet sie gerne verwirklichen. Ihr nehmt also Kapital und setzt es so ein, dass euer Plan in die Tat umgesetzt wird. Ihr habt nun etwas in Bewegung gebracht und seht, wie diese Geldenergie etwas anderes in Gang bringt. Sie wirkt in diesem Fall dynamisch. Das ist das Potenzial von Geld! Und ich sage euch noch etwas: Auch Geld hat ein Bewusstsein! Ihr könntet sogar mit dem Bewusstsein des Geldes kommunizieren, wenn ihr das wolltet. Und wenn ihr das Geldbewusstsein fragen würdet, was es am liebsten täte, dann würde es sagen, dass es fließen und euch bei eurer Entfaltung dienen möchte.

Was Geld nicht möchte, ist, in seinem Fluss behindert zu werden. Jedes Anhäufen auf einem Konto oder in einem Schließfach blockiert den Fluss der Geldenergie und behindert somit das Leben schlechthin. Da der Mensch allerdings recht häufig mit Existenzängsten zu tun hat und anderen Ängsten, die mit einer ungewissen Zukunft zusammenhängen, lagert er gerne sein Geld, um sich sicherer zu fühlen. Manchmal verwehrt er sich aus diesem Grund sogar die Erfüllung seiner Wünsche und Träume. In diesem Fall findet das Leben früher oder später einen Weg, den Menschen dazu zu ermuntern oder sogar zu drängen, seinen Mut zusammenzunehmen und das Geld, das ihm zur Verfügung steht, für sich und seine Träume „locker" zu machen.

Frage: Es gibt den Spruch „Geld verdirbt den Charakter", und leider sieht man ja allzu häufig, dass in der Welt schlimme Dinge wegen des Geldes geschehen. Warum ist das so?

Das Geld hat die besondere Fähigkeit, Ängste in einem Menschen zu verstärken und auch andere Themen, die im Menschen verborgen sind, zum Vorschein zu bringen. Jemand, der weitestgehend im Vertrauen ist, wird tief in sich wissen, dass er immer das Geld zur Verfügung hat, was er zum Leben und für die Erfüllung seiner Träume benötigt. Es sei denn, er hat es sich für sein gegenwärtiges Leben ausgesucht, Armut zu erfahren. Ein Mensch, der starke Ängste hat - vor allem Existenzängste - wird eine Gelegenheit, in der er an viel Geld kommen kann, ergreifen und alles tun, um so viel wie möglich davon zu erhalten. Dabei kann es geschehen, dass er andere Menschen übervorteilt oder ihnen sogar schweres Leid zufügt.

Jemand, der sich selbst nicht als wertvoll erachtet und sich oft hilflos und ohnmächtig fühlt, wird ebenfalls eine Gelegenheit nutzen, so viel Geld wie möglich anzuhäufen, um sich dadurch wertvoller und mächtiger zu fühlen. Dies kann allerdings nur in einem System geschehen, in dem die Menschen generell mit starken Ängsten und einem geringen Selbstwert zu tun haben. Er wird genau diese Menschen anziehen und durch sein Geld gefügig machen.

Frage: Können wir also davon ausgehen, dass das Geld eine geringere Rolle spielen wird, wenn die Liebesenergie in Zukunft freier fließen kann?

Geld wird in eurer Zukunft eine *andere* Rolle spielen. Wie ich vorher schon geschildert habe, wird es vordergründig ein Mittel werden, um Dinge in Bewegung zu bringen und Projekte umzusetzen – und letztendlich, um den Menschen lebendiger zu machen. Geld hätte dann eher den Charakter von „Spielgeld", welches euch dazu bringt, mehr zu „spielen" und eure Ideen und Visionen gleich einem Kind mit Leichtigkeit, Freude und Neugier lebendig werden zu lassen.

Ernährung und Hunger

Frage: Wie sieht die Ernährung in unserer Zukunft aus? Werden wir noch Fleisch essen?

Vielleicht beantwortet sich jeder diese Frage selbst. Ich möchte hier nur die neuen Rahmenbedingungen verdeutlichen. Wie bereits gesagt, werden sich eure Herzen immer mehr öffnen und eure feinen Sinne verstärken. Das heißt, dass ihr auch in der Lage sein werdet, mit den Tieren zu kommunizieren. Werdet ihr ein Tier essen wollen, mit dem ihr euch austauschen könnt? Von Herz zu Herz?

Ihr verändert euch auch physiologisch. Vieles, was euer Körper heute noch benötigt, um gesund und kräftig zu sein, wird er nicht mehr brauchen. So einige eurer bisherigen wissenschaftlichen Erkenntnisse werden in Zukunft nicht mehr gültig sein. Und ihr werdet unter anderem erkennen, wie sehr euch das veraltete Wissen – ähnlich wie Glaubensmuster – in eurer Entwicklung eher behindert.

Was sich verstärken wird, ist euer Verlangen nach möglichst lebendigen und hochfrequenten Nahrungsmitteln wie frisches Obst und Gemüse.

Frage: Gibt es noch andere Faktoren, die unsere Ernährungsumstellung behindern?

Es fällt dem Menschen grundsätzlich schwer, sich umzustellen. Eine Veränderung macht Angst, weil sich der Mensch dafür aus seiner Identifikation lösen muss. Das Ego hat jedoch die Tendenz, den Status Quo zu erhalten, weil eine Veränderung in den meisten Fällen zunächst seine Schwächung bedeutet. Das ist ähnlich wie bei einem Umzug in eine andere Region. Die Gegend ist zunächst einmal fremd; man kennt niemanden. Das macht unsicher.

Und so verhält es sich auch mit der Ernährung. Teils sind es bloße Gewohnheiten, teils gilt hier auch das Resonanzprinzip. Ein Mensch neigt dazu, sich von dem zu ernähren, was seiner Frequenz entspricht. Nicht zu vergessen ist hier auch der Wunsch, sich an seine Mitmenschen und deren Frequenz anzupassen.

Frage: Geht es also immer mehr in Richtung veganer Ernährung?

Im Grunde genommen ja. Versteht aber, dass diese Umstellung automatisch und immer in dem für das Individuum angemessene Tempo geschieht. Der Mensch wird ein natürliches Verlangen nach lebendigem, hochschwingendem Essen haben.

Frage: Kannst du uns in diesem Zusammenhang etwas über Hunger sagen?

Es ist wichtig, zu verstehen, dass der physische Hunger immer auch eine emotionale Komponente hat. Oftmals geht es beim Essen und Trinken nicht nur darum, den körperlichen Hunger zu stillen, sondern auch um das Befriedigen von ganz anderen Bedürfnissen. Den meisten Menschen, die mit einer „Essstörung“ zu tun haben, fehlt es in der einen oder anderen Form an Liebe. Oder sie meinen, keine Liebe zu verdienen. Auch dies wird sich in Zukunft ändern, wenn sich eure Herzen immer mehr öffnen werden. Es hängt alles zusammen!

Frage: Welche Rolle wird die Lichternährung in der Zukunft spielen?

Für die Lichternährung werden sich auch in Zukunft nur Einzelne entscheiden. Mit dem Erwachen der Menschheit wird natürlich die Lichtnahrung eine größere Rolle spielen. Immer mehr werden sich diesen Weg aussuchen. Aber er ist nicht für jedermann angemessen, auch nicht unbedingt für Menschen, die ihr als erleuchtet bezeichnen würdet. Die Lichternährung ist nun mal auch „nur" eine Erfahrung - ein Weg, den man wählt. Weder begünstigt sie das Erwachen oder die Erleuchtung, noch bremst sie den Weg des Menschen.

Diejenigen, die sich für die Lichternährung entscheiden, entziehen sich in gewisser Weise dem Kreislauf der Natur. Dies ist nicht zu bewerten. Aber vergesst nicht, dass die Ernährung auch dazu dient, den Menschen mit anderen Lebensformen zu verbinden, insbesondere mit Mutter Erde. Es ist ein Geben und Nehmen - die erste und rudimentärste Form der Kommunikation mit Mutter Erde und den auf ihr lebenden Wesen. Ein Mensch, der sich von Licht ernährt, ist also nicht „besser" als ein Mensch, der sich dagegen entscheidet. Er entzieht sich nur diesem Kreislauf.

Je weniger Gifte und je mehr Liebe zukünftig bei der Erzeugung von natürlichen Nahrungsmitteln eingesetzt werden, desto mehr Kraft und auch Freude werdet ihr über eure Ernährung erhalten, da ihr damit gleichzeitig auch mit den vitalen Energien der Erde verbunden werdet.

Ihr seid und werdet auch weit in der Zukunft Menschen sein, die zusammen mit Mutter Erde arbeiten, leben und Erfahrungen sammeln. Ihr seid eins!

Technologie und Androiden

Frage: Welche Rolle wird die Technologie in der Zukunft spielen?

Natürlich wird sich die Technologie sehr verändern. Das könnt ihr euch gut vorstellen, denn viele eurer momentanen Technologien sind in großem Maße umweltschädlich. Allerdings muss das nicht so sein. Die Technologie wird auch weiterhin eine große Rolle spielen, denn vieles wird durch die Technik ermöglicht und erleichtert. Letztendlich bringt sie dem Menschen auch viel Freude.

Der Erfindungsgeist wird nicht sterben. Allein die Freude am Erfinden von neuen Geräten und Verfahrensweisen - egal in welchem Bereich - wird die Technologie weiter voranbringen. Erfindungen werden weniger aus der Not heraus gemacht werden als aus Vergnügen. Die Technologie wird sich auch aus einem anderen Grund stark verändern: In eurer Zukunft wird es nicht mehr in erster Linie darum gehen, Gewinne zu erzielen und Geld anzuhäufen. Das Zwanghafte innerhalb der Technologie und deren Anwendung wird abnehmen. Oder lasst es mich so ausdrücken: Die dunklen Beweggründe, die hinter der Entwicklung von einigen Technologien stecken, werden verschwinden.

In vielen Bereichen wird sich die Technologie sogar drastisch verändern; vor allem da, wo die feinen Sinne des Menschen mehr zu Tage treten werden. Wenn zum Beispiel Menschen telepathisch über eine weite Distanz miteinander kommunizieren können, werden sie keine Telefone mehr benötigen. Ihr werdet sehr staunen über das, was in Zukunft alles noch erfunden beziehungsweise entwickelt wird.

Versteht, dass neue Ideen nicht nur aus eurem Kopf kommen. Viele erhaltet ihr von Wesen, die aus einer anderen Dimension heraus mit euch zusammenarbeiten. Und da sich die Grenzen zwischen den euch bekannten und den höheren Dimensionen immer mehr auflösen, werdet ihr auch empfänglicher für die Eingaben dieser Wesen werden.

So wird also die Technologie der Zukunft *für* den Menschen und nicht *gegen* ihn arbeiten, und schon gar nicht gegen Mutter Erde. Sie wird in keinster

Weise mehr zerstörend, sondern nützlich oder aufbauend sein.

Frage: Es wird zurzeit sehr viel Forschung auf dem Gebiet von Roboter-Technologie gemacht. Mittlerweile stellt man schon Androide her, die sehr menschenähnlich sind. Meine Frage ist, ob eine Seele sich entschließen könnte, ein Leben als Androide zu durchlaufen?

Eine Seele kann sich nicht in einem Roboter inkarnieren, da er anorganisch ist und es eines organischen Körpers bedarf, damit sich eine Seele inkarnieren kann. Es wäre im Grunde genommen völlig uninteressant für eine Seele, weil ein Roboter nicht so entwicklungsfähig wie ein Lebewesen ist.

Die Androiden werden tatsächlich immer „ausgefeilter" und menschenähnlicher werden. Irgendwann einmal werden sie optisch kaum noch von einem Menschen zu unterscheiden sein. Ein paar Beispiele dafür habt ihr bereits. Aber letztendlich werden sie der Menschheit einen großen Gefallen tun. Denn diejenigen, die davon überzeugt sind, dass es keinen Gott gibt und dass der Mensch selber in der Lage ist, einen Menschen herstellen zu können - ihr nennt sie Transhumanisten - werden erkennen müssen, dass an einem realen Menschen „mehr dran" ist, als es an einem Androiden jemals sein kann.

Es ist der sogenannte „Göttliche Funke", der nur in einem lebendigen, organischen Wesen vorhanden sein kann und nicht in einer Maschine. Der Göttliche Funke ist - um es mit einfachen Worten auszudrücken - göttliches Bewusstsein in Verbindung mit göttlicher Liebesenergie, die der Mensch über sein Herz empfangen, aber auch selber produzieren kann! Habt ihr das schon gewusst? Ein Mensch ist tatsächlich in der Lage, eine neutrale Energie in Liebesenergie umzuwandeln. Er ist ebenso in der Lage, eine negative Energie in Liebesenergie umzuwandeln. Diese Fähigkeit zeichnet einen Menschen aus, und sie dient dem höchsten Ziel des göttlichen Planes: Durch das Wachsen und Reifen der Seelen noch mehr Liebesenergie zu erzeugen.

Ein Mensch hat Gefühle und Emotionen, die ein Roboter nur simulieren kann. Zudem haben die Menschen den freien Willen und können sich jederzeit für das Eine oder Andere rein intuitiv - und nicht kopfgesteuert - entscheiden. Ein Androide, so gut er auch konzipiert sein mag, hat weder diesen

Göttlichen Funken in sich, noch Gefühle, noch einen freien Willen. Er kann Entscheidungen nur aufgrund von Programmierungen und Fakten fällen. Er kann nicht etwas erschaffen, was nicht schon in ihm angelegt ist, so wie ein Mensch es über die Intuition tun kann.

Und letztendlich wird ein Androide auch niemals in der Lage sein, aus sich heraus zu lieben. Da aber jede Materie aus göttlicher Energie besteht und daher eine rudimentäre Bewusstseinsform innehat, wird auch ein Androide einen in sich geschlossenen Energiekörper mit einem rudimentären Bewusstsein bilden. Dieser Energiekörper reagiert auf die Energien des Menschen und kann Reaktionen im Androiden auslösen.

Da die Sinne des Menschen mit ansteigender Schwingung auf der Erde immer feiner werden, wird der Unterschied zwischen einem Androiden und einem Menschen auch in Zukunft deutlich wahrnehmbar sein. Ein feinfühliger Mensch wird sehr schnell erkennen, wenn sein Gegenüber ein Androide ist, allein schon durch die Wahrnehmung des Energiefeldes, das beim Androiden weitaus schwächer ist als beim Menschen - vor allem eines lichtvollen Menschen.

Letztendlich wird man durch diese Entwicklungen erkennen, was den Menschen wirklich ausmacht, und seinen tatsächlichen Wert als göttliches Wesen anerkennen. Diejenigen, die glauben, dass es keines göttlichen Schöpfers bedarf, um einen Menschen „herzustellen", werden herausfinden, dass sie es nicht können. Sie werden einen menschenähnlichen Roboter herstellen können, aber es wird immer nur ein Abglanz sein.

Die aus spiritueller Sicht wichtigste Forschung wird im Bereich des menschlichen Geistes liegen; man wird dessen wahre Wirkkraft über die Materie noch mehr entdecken. Ist der Geist konform mit dem göttlichen Willen, ist er Herr über die Materie. Wenn also ein Mensch im Einklang mit dem göttlichen Willen ist, kann er über seinen Geist sein Leben im Wesentlichen selbst gestalten, vorausgesetzt, dass sein Herz und sein Kopf - die Liebe und die Intelligenz - in Harmonie sind.

Das Aufeinander-Abstimmen von Intelligenz und Liebe erzeugt die stärkste Kraft im Universum. Und diese Kraft wird letztendlich das Leben auf der Erde so sehr verwandeln, dass jeder Mensch jeden Tag mit größter Freude begrüßen und mit tiefer

Dankbarkeit beschließen wird. Dies wird kommen! Seid euch dessen gewiss!

Die Zukunft der Menschheit – eine Zusammenfassung

***Frage:** Wir haben viel über die Zukunft gesprochen. Würdest du bitte deine diesbezüglichen Aussagen zusammenfassen?*

Ich habe immer wieder erwähnt, dass die Schwingung auf der Erde steigen und dadurch viel Dunkelheit gehen wird. Alles wird auf eine höher schwingende, lichtvollere Ebene angehoben. Auf dieser höheren Ebene gibt es zwar immer noch unangenehme Gefühle wie Angst, aber sie sind nicht mehr so gravierend. Durch die höhere Schwingung kann die Liebesenergie besser fließen. Und der Mensch wird diese Liebe immer stärker spüren können – zu sich selbst, aber auch zu allen anderen Wesen, selbst zu scheinbar leblosen Dingen.

Allerdings haben wir über eine Sache noch nicht ausführlich gesprochen: Die Grenze zwischen der menschlichen Ebene und den höheren Sphären, auf denen sich die lichtvollen Wesen wie die Engel aufhalten, löst sich immer mehr auf. Der Schleier wird dünner. Dadurch wird auch die Kommunikation zwischen den Menschen und den lichtvollen Wesen immer einfacher. Aber nicht nur das: Ihr werdet die Liebe dieser Wesen noch viel mehr spüren können. Und ihr werdet ihre Weisheit und ihre bedingungslose Liebe mühelos empfangen können.

Der Mensch wird in Zukunft neben der Liebe auch so viel mehr Freude empfinden! Und mit der Freude kommen auch mehr Lebensenergie und so viele andere Dinge, die das Leben noch lebenswerter machen. Das ist die Zukunft! Das ist die Zukunft der Menschheit auf der Erde! All dies geschieht jetzt und ihr könnt den Wandel bereits in euch spüren; vielleicht nicht ständig, aber immer häufiger. Und ihr werdet ihn bald als Erlösung wahrnehmen. Es wird sich immer mehr anfühlen wie der Anfang des Frühlings nach einem langen, kalten und düsterem Winter. Die Natur beginnt lebendig zu werden. Die Energien sprudeln, die ersten Blumen blühen, die Vögel singen, alles erwacht, alles gedeiht, alles beginnt zu fließen!

Dank

Ohne meinen Lebensgefährten und besten Freund Stefan Leberger wäre dieses Buch ganz sicher nicht entstanden. Ich bin ihm zutiefst dankbar für seine Ermutigung, Begeisterung und Unterstützung in vielerlei Hinsicht. Mein Dank gilt auch unserer Freundin Dorothée Engel, die mit ihrer Liebe zum geschriebenen Wort auch die verstecktesten Fehler entdeckte und korrigierte. Meiner lieben Freundin Ines Krüger-Deubert danke ich für ihre so liebevollen und weisen Worte der Ermutigung. Ihrem Ehemann Marc Deubert danke ich für seine stets weitsichtige Beratung. Und natürlich danke ich Sananda für seine klaren und Mut machenden Botschaften und den Engeln für ihre liebevolle Funktion als „Cheerleader".

Angelica Osske

Über die Autorin

Angelica Osske spürte schon als Kind die Gegenwart der Engel und nahm ihre Botschaften intuitiv wahr. Aber erst nach einigen Jahren, in denen sie als Agraringenieurin in der Entwicklungshilfe und später als PR-Referentin tätig war, trat ihre Fähigkeit, mit der geistigen Welt zu kommunizieren, vollends zutage.

Seit 2009 arbeitet sie als Engel-Medium in eigener Praxis. In ihren HEART WORK-Sitzungen vereint sie mediale Lebensberatung und geistiges Heilen mithilfe der Engel. Zudem leitet sie regelmäßig Geführte Engel-Meditationen und Seminare. Seit 2016 channelt Angelica Osske Botschaften von Sananda.

Weitere Informationen unter:
www.licht-und-leicht.de